まっすぐ切って、まっすぐ縫うだけの服

添田有美

CUT-OUT CLOTH

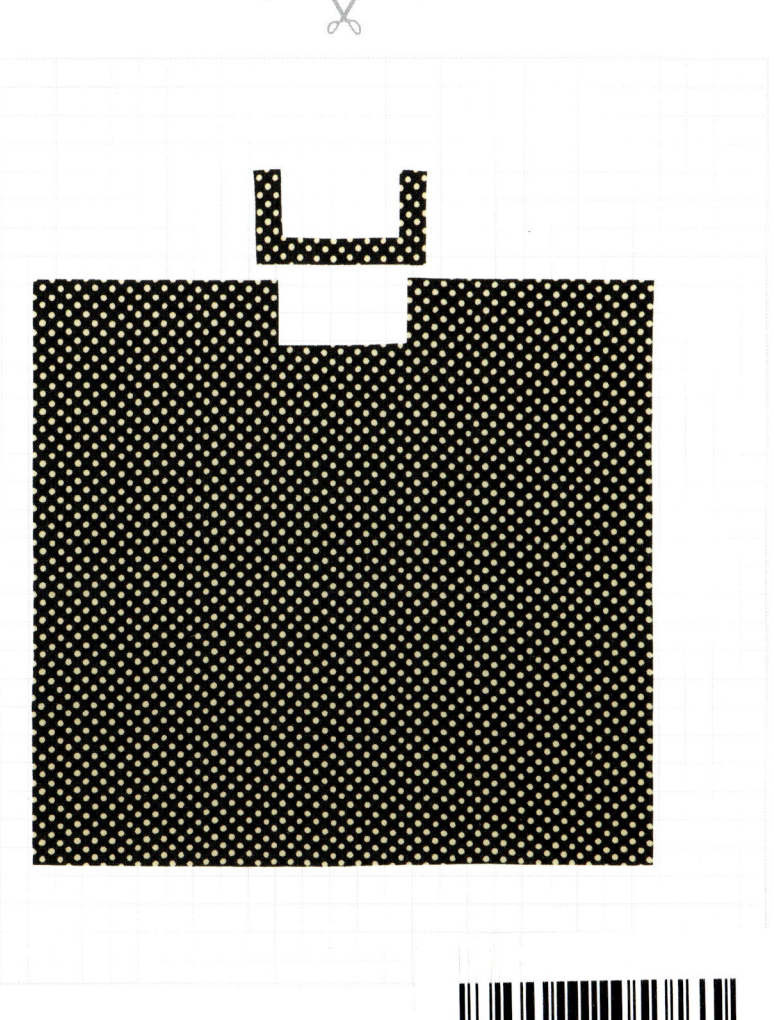

西東社

＼ かわいい！　短時間で完成！ ／
まっすぐ縫いだからかんたん！
3つのポイント

🧵 四角いパーツで裁断がラク！

どのデザインもパーツが少なく、形は四角いものがほとんど。
布に直接印をつけるだけで、型紙がなくても作れます。

🧵 まっすぐ縫い進めるだけでかんたん！

四角い布をまっすぐ縫い進めるだけで、洋服が完成します。
初心者にとって難しいテクニックは、できるだけ省きました。

🧵 シンプルなシルエットがかわいい！

でき上がりは四角いですが、着ると立体的なシルエットに変身！
クセのないシンプルなデザインだから、体型を選ばず着こなせます。

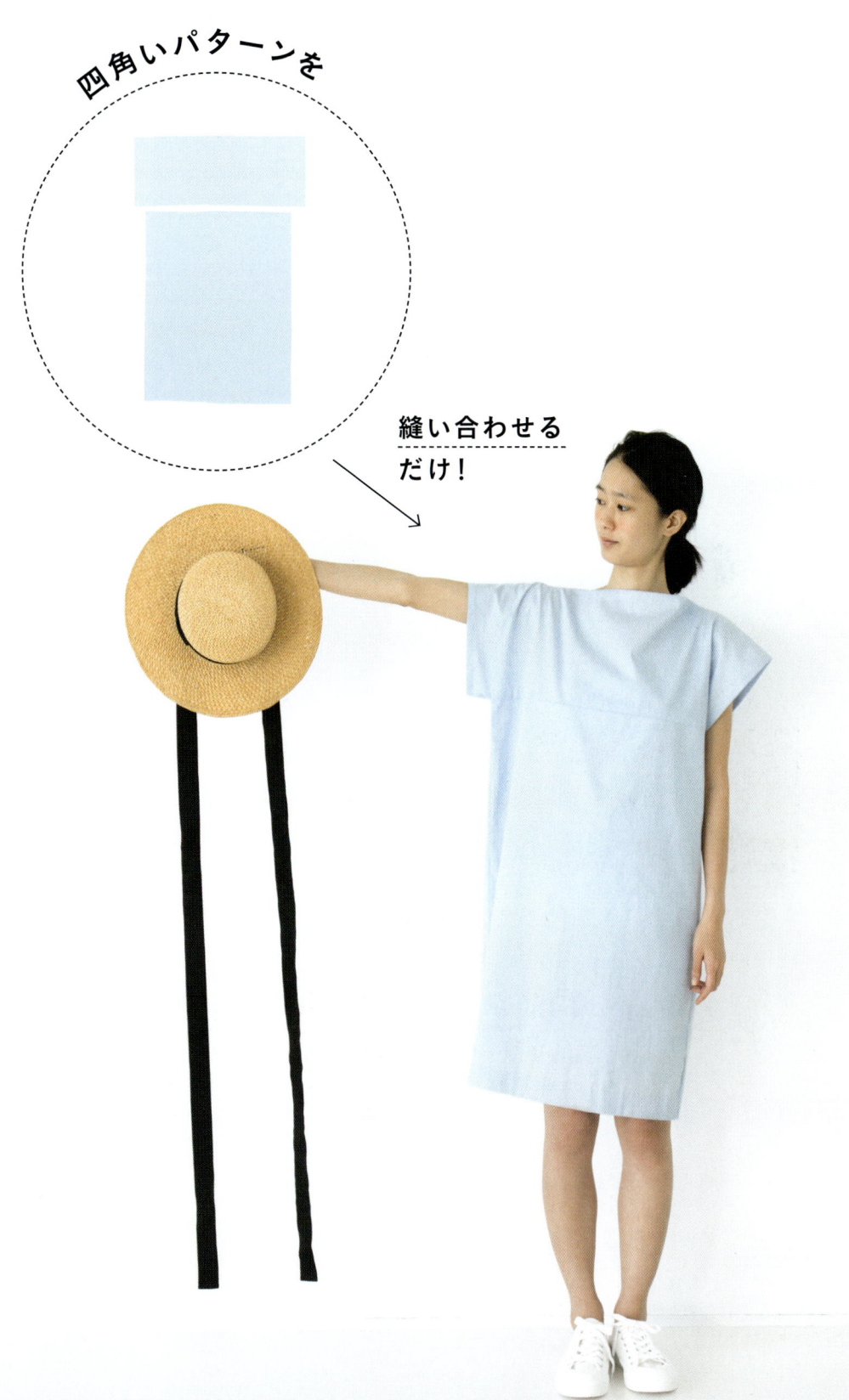

四角いパターンを

縫い合わせる
だけ！

CONTENTS

まっすぐ縫いだからかんたん！
3つのポイント　2

作り始める前に　6

作品の作り方　7

PATTERN A

基本
スクエア
ワンピース
10

アレンジ
フレンチスリーブ
ワンピース
16

アレンジ
スクエアタック
ワンピース
20

PATTERN B

基本
ギャザー
スカート
24

アレンジ
切り替え
スカート
30

アレンジ
ペチコート付き
ギャザースカート
34

PATTERN C

基本
スクエアブラウス
38

アレンジ
リボンブラウス
44

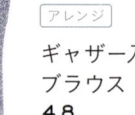
アレンジ
ギャザー入り
ブラウス
48

PATTERN D

基本
スクエアネック
ワンピース
52

アレンジ
フロントタック
ワンピース
56

PATTERN E

基本
Vネック
チュニック
60

アレンジ
肩ギャザー
チュニック
64

PATTERN F

基本
巻きスカート
68

アレンジ
リバーシブル
巻きスカート
72

PATTERN G

基本
カーディガン
76

アレンジ
ショート
カーディガン
80

PATTERN H

基本
シャーリング
ワンピース
84

→

アレンジ
シャーリング
キャミソール
88

PATTERN I

基本
2段ギャザースカート
92

→

アレンジ
ティアードスカート
96

PATTERN J

基本
シンプルパンツ
100

→

アレンジ
ワイドパンツ
104

PATTERN K

エプロン
ワンピース
108

PATTERN L

ドレープ
ミニスカート
112

PATTERN M

ギャザーブラウス
116

PATTERN N

ポンチョコート
120

ACCESSORIES

余った布でできる！
まっすぐ縫いの小物
124

作り始める前に

まっすぐ切って、まっすぐ縫うだけでできる本書の作品は、手軽に作ってすぐ着られるアイテムばかり。作りたい作品が決まったら、まずはこのページで手順やコツを確認して、作り始めましょう。

作品サイズついて

- この本で紹介している作品は、すべてフリーサイズです。ゆとりのあるデザインなので、S～Lどのサイズの方でも着られます。
- 各作品ページに、仕上がりサイズを表記しています。各パーツのサイズは、右図に従って表記しています。

※サイズはあくまでも目安です。ウエストや胸元などをゴムで絞る箇所などは、着心地のいいサイズに適宜調整してください。

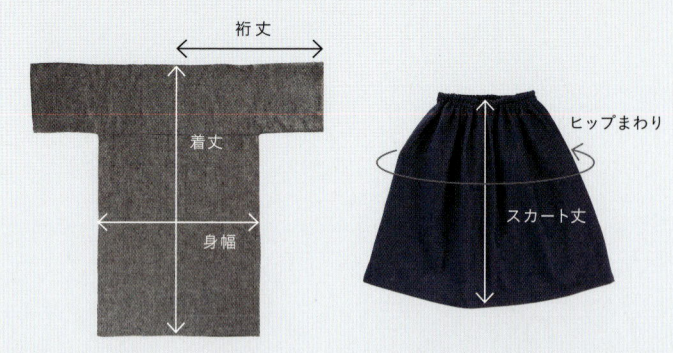

布について

布の方向

- 布には織り目の方向があります。布の両端（耳）に平行なのが「縦地」、垂直なのが「横地」です。洋服の縦方向を縦地に合わせると、伸びや型崩れが防げます。
- 縦横に対して斜め45°の方向を「バイアス」と呼びます。切りっぱなしでも布端がほつれにくいため、フリルなどに使います。

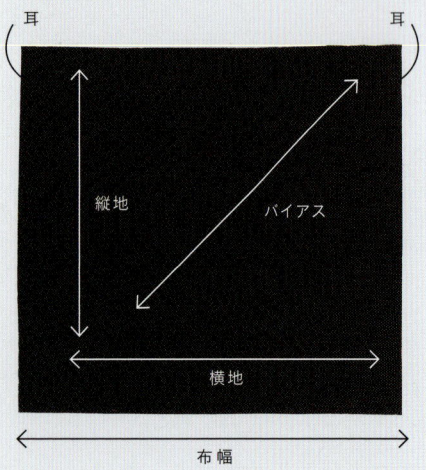

布の水通し

布の種類によっては、洗濯によって縮んでしまうことがあります。とくに縮みやすい麻（リネン）や木綿の布は、裁断前に水通しして縮ませておきましょう。

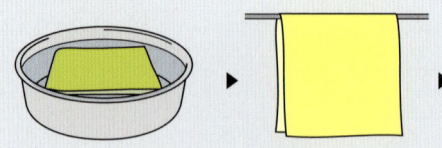

布を約1時間水につける。 → 水を切ってから、形を整えて陰干しする。 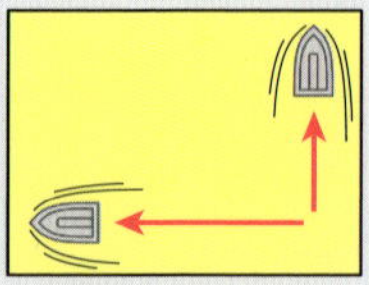 → 半乾きの状態で、縦地と横地の方向にアイロンをかけ、布目が垂直になるように整える。

布の表裏

布には表と裏があります。縫い合わせるときは、合わせる布の面に注意しましょう。本書では、次のような用語で布の面を説明しています。

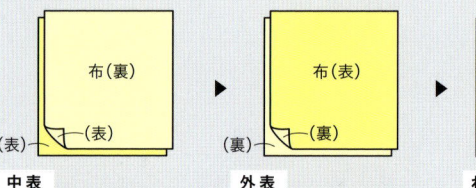

中表
布の表面同士を内側に向けて合わせた状態。

外表
布の裏面同士を内側に向けて合わせた状態。

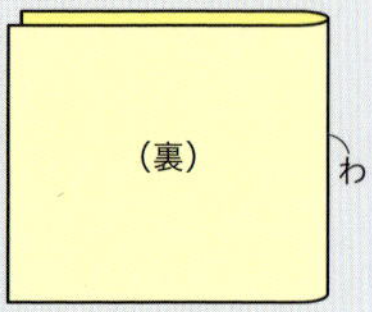

わ
布を二つ折ってできる部分を「わ」と呼ぶ。図は外側を裏にして「中表」に「わ」にした状態。

作品の作り方

本書の作品は、直接布に印をつけたものを切って、縫うだけで完成します。STEP1〜3の手順に沿って作りましょう。

STEP1 印をつける

チャコペンなど印つけ用のペンを使って、布地の裏側に印をつけていきます。同じパターンを何着も作る場合や、型紙があった方が作業しやすい場合は、型紙を使ってください。

裁ち方図の見方

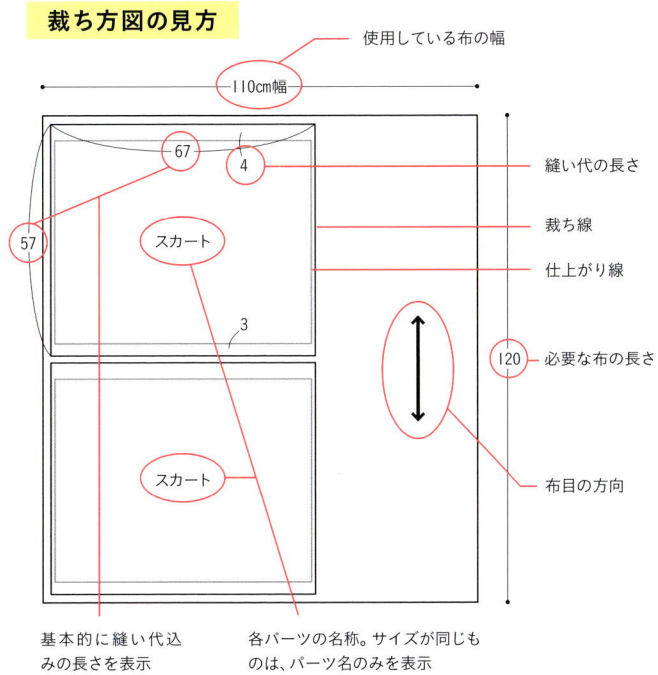

- 使用している布の幅
- 縫い代の長さ
- 裁ち線
- 仕上がり線
- 必要な布の長さ
- 布目の方向
- 基本的に縫い代込みの長さを表示
- 各パーツの名称。サイズが同じものは、パーツ名のみを表示

印の入れ方

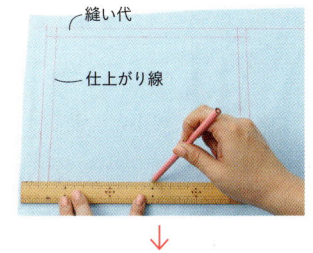

裁ち方図どおりに、まず縫い代の外側の線を入れ、さらに内側の仕上がり線を入れます。

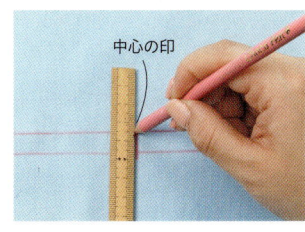

裁ち方図にあるマーク(中心や★マークなど)も、すべて写して入れます。

まっすぐ書くコツ

裁断した布の端は曲がっていることも多いので、印は横の線から書き始めるのがコツ。

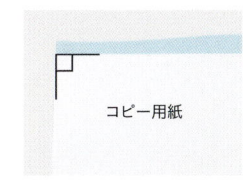

きれいな水平の線を引くには、縦の布端に、コピー用紙などの直角をあてる。

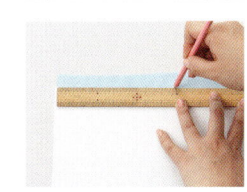

コピー用紙の上端に定規をあてると、きれいな水平の線が引ける。

衿ぐりカーブのつけ方

衿ぐりにカーブがある作品C、K、Nは、カバー袖(奥付の対向ページ)にある「カーブ正規」を紙に写したものを使って、印をつけます。

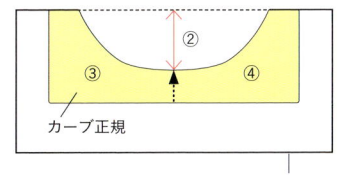

① まず長方形を書く
② の長さを測って▲(中心)の位置を定める。
③ ▲(中心)にカーブ正規を合わせ、カーブの印をつける。
④ 正規を裏返しにして、反対側のカーブも印をつける。

STEP 2　布を切る

布を印どおりに切ることが、作品をきれいに仕上げるために大切なステップ。大きい台や床の上など、布を平らに広げられる場所で切りましょう。

まっすぐ切るコツ

体の前ではさみを構え、刃を台につけて浮かさずに切り進める。布は片手を軽く添える程度で動かさないこと。はさみは刃を大きく開き、つけ根の方を使うと切りやすい。

NG はさみを浮かすとまっすぐに切れない。手で布を引っ張るのもNG。

NG 刃先は傷みやすいので使わないように。

STEP 3　縫う

本書の作品は、すべて家庭用ミシンで縫うことができます。ミシン縫いのコツや布端の処理方法をおさらいしましょう。

まち針でとめる

2枚以上の布を縫い合わせるときは、ずれてしまわないように必ずまち針でとめます。

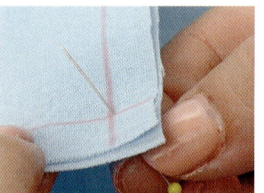

2枚の布にある印の位置を合わせて、布目に対してまち針を垂直に刺す。

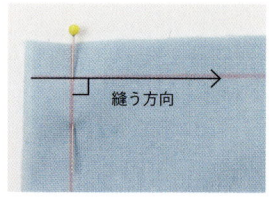

縫う方向に対して垂直にとめる。平行に打つと、布がずれやすく縫いにくい。

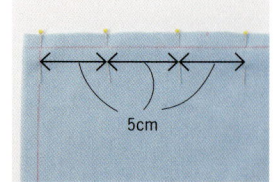

約5cm間隔でとめる。ニット生地など縫いにくいものは2〜3cm間隔で細かくとめて。

縫い始めと縫い終わり

縫い始めと縫い終わりは、ほどけないように3〜4針分返し縫いをします。

ミシンの返し縫いボタンを押して。

縫い終わった後に糸端を短く切って始末する。

ミシンで縫う

ミシンでまっすぐ縫うことだけマスターしておけば、ほとんどの作品が作れます。カーブのある作品も、衿ぐりだけだからかんたん。

まっすぐ縫うコツ

ミシンの正面に座り、左手は押さえのそばに、右手は手前の布に軽く添える。

NG 布を無理に引っ張ると布が曲がり、縫い目もいっしょに曲がってしまう。

NG シワが寄らないようにと布の前後を持つと、縫い目がとんだり曲がったりする。

> カーブを縫うコツ

縫う速度を落として、カーブに沿ってゆっくり縫い始める。

カーブが急なところではいったんストップ。押さえを上げ、針を刺したまま布だけ回して方向を変える。

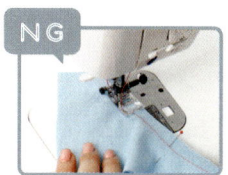
縫い進めながら布の方向を変えようと引っ張ると、きれいなカーブが縫えない。

縫い目の種類

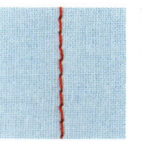
直線
基本の縫い目。縫い目の長さは2mm程度。

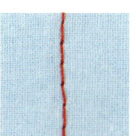
粗い目
縫い目の長さは4〜5mm程度。ギャザーやフリルを寄せるときに。

ジグザグ
布端のほつれ止めに使う縫い方。ほとんどの家庭用ミシンで縫える。

ロックミシンを使って布端を処理してもOK。

布端と縫い代を始末

布端は切りっぱなしのままだとほつれてしまうので、ジグザグで縫って始末します。縫い代は割るか倒すかのどちらかに。

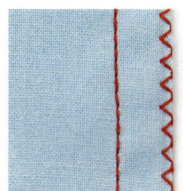
ジグザグで始末
布端にジグザグミシンをかけると、ほつれが防げる。ジグザグは1枚ずつかける場合と2枚いっしょにかける場合の2通りあるので、作り方の指示に従って。

縫い代を割る
2枚の縫い代を開くこと。

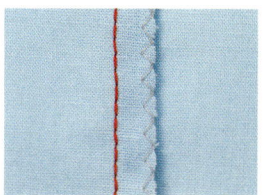
縫い代を倒す
縫い代を2枚いっしょに片側に倒すこと。

三つ折り処理

裾や袖口などは、基本的に三つ折りで処理します。布端が内側に隠れるので、布端がほつれず見た目もきれいです。

2cmの三つ折り

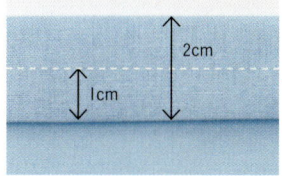
布端を1cm折ってから、さらに2cm折り返して三つ折りにする。

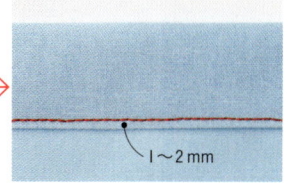
三つ折りの折り山から1〜2mm程度のギリギリのところを縫う。

まつり縫いをしてもOK

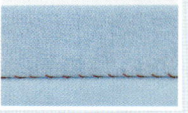
三つ折りはまつり縫いで仕上げてもいい。

まつり縫いをすると表から縫い目が見えないので仕上がりがきれい。

折り目のつけ方

三つ折りなどの折り目は、縫う前にまとめてアイロンなどでつけておくのがおすすめ。

折り目のつきやすい布なら、指先で折り目をつけてもいい。

PATTERN

基本
SQUARE DRESS
スクエアワンピース

FINISH!

CUT-OUT CLOTH

SIZE.
・身幅　58cm
・裄丈　52cm
・着丈　96cm

袖と身頃がひとつながり
のパターン。袖つけ不要
でかんたん

スカート部分もシンプル
な長方形

STYLE.1

ストンとしたシルエット
がかわいいワンピース。
袖は着ると自然に肩が落
ちて5分袖に

△ PATTERN

SEWING LESSON
スクエアワンピース

● **仕上がりサイズ**

身幅58cm／裄丈52cm／着丈96cm

● **材料**

布（リネン）　　　　140cm幅×1.4m

● **適している布**

リネンや綿シーチングなど、着心地の良い生地がおすすめ。薄手でやわらかめのデニムウール生地もかわいい。

● **裁ち方と下準備**

- 指定以外の縫い代はすべて1cm
- ～～～ 布端にジグザグミシンをかけておく

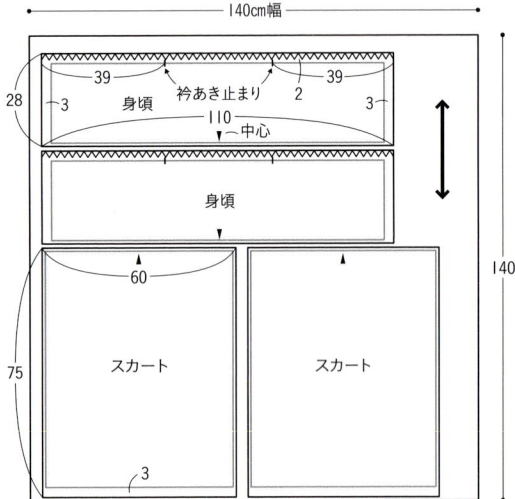

身頃とスカートを合体

1

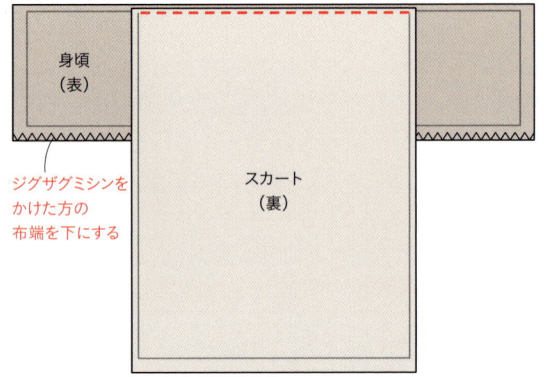

身頃とスカートを図のように重ね、上端を縫う。

中心を合わせる

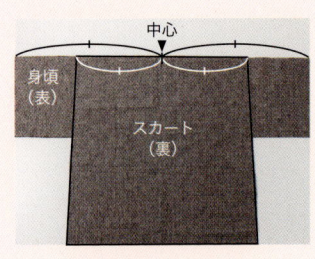

あらかじめ、中心に印をつけておき、2枚の印を合わせて。

身頃とスカートを重ねる際、それぞれの左右の中心を合わせてから縫い合わせると、左右対称のきれいな仕上がりになります。

SQUARE DRESS

2

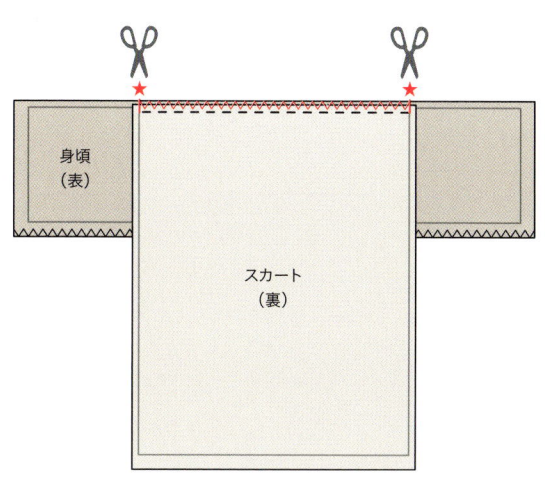

縫い代は2枚いっしょに、ジグザグミシンをかける。さらに図の★の位置に切り込みを入れる。

3

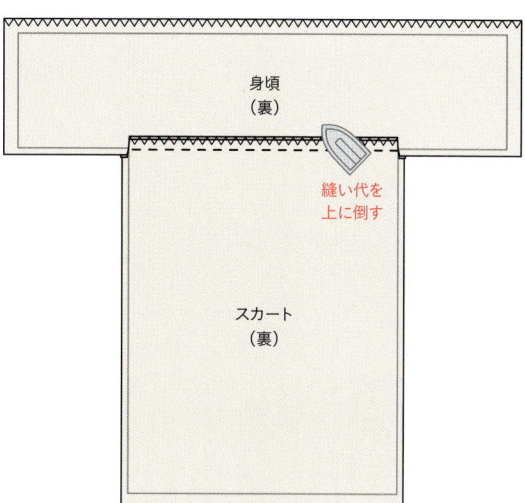

身頃を上に広げる。ジグザグミシンをかけた部分の縫い代を上に倒してアイロンをかける。もう1組の身頃とスカートも、1→3と同様に縫い合わせる。

切り込みの入れ方

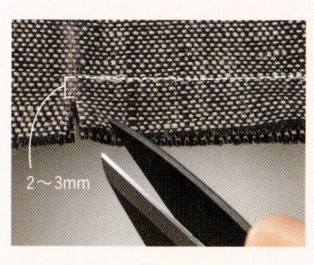

縫い線の2〜3mm手前まで切り込む。

切りすぎるのを防ぐため、糸切りはさみを使うのがおすすめ。切り込みを入れることで、袖から脇にかけて縫いやすくなります。また、着たときに袖の直線ラインが体に沿いやすくなるメリットも。わきの周辺にしわが寄るのも防げます。

13

前後を合体 → 衿ぐりを始末

4

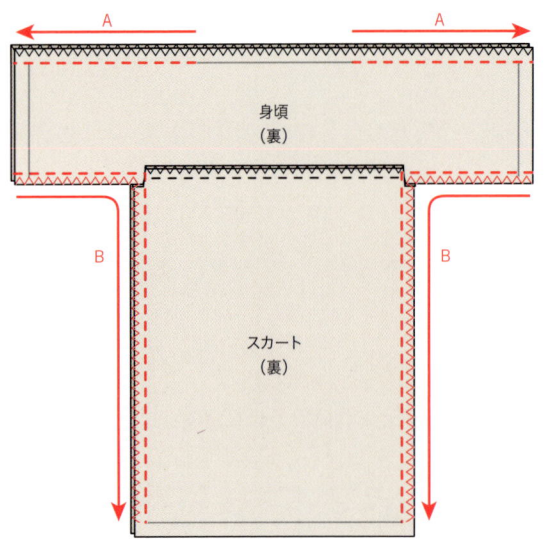

5

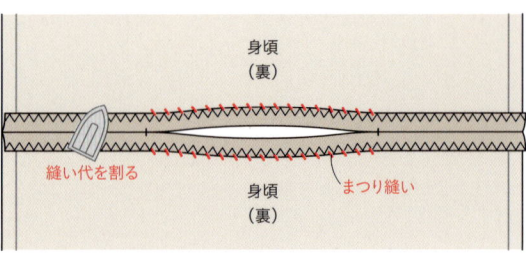

前後を中表にして合わせ、肩から袖口（A）、袖口からわき（B）を縫う。Bの縫い代は、2枚いっしょにジグザグミシンをかける。

4のAの縫い代はアイロンで割り、衿ぐり部分をまつり縫いする。

Bのラインをきれいに縫うには

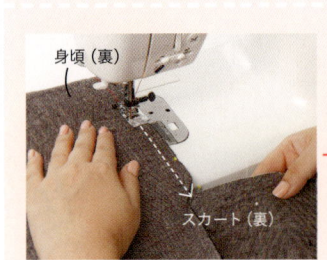

布がずれないように、まち針を打ったら、まずは、袖下から角にかけて縫う。

角まできたら、一度ミシンの押さえを上げて布の向きを90度回転。

押さえを下ろし、わきから裾にかけて縫う。

→ 袖口と裾を始末 　　　　　　　　　　　　　　　　　　　　　　　　　完成！

6

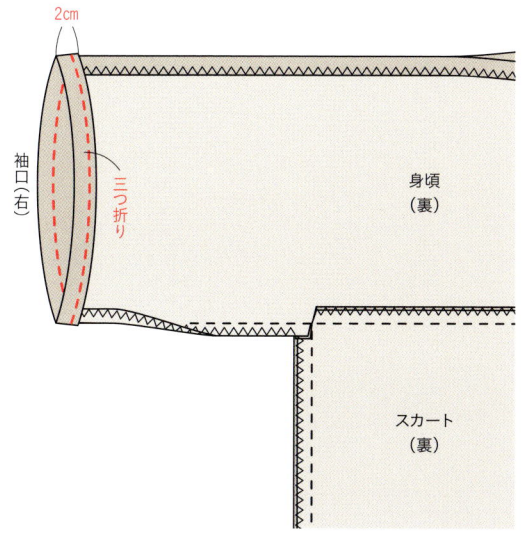

袖口は1cm折ってから、さらに2cm折り、三つ折りの端を縫う。左右とも同じようにする。

7

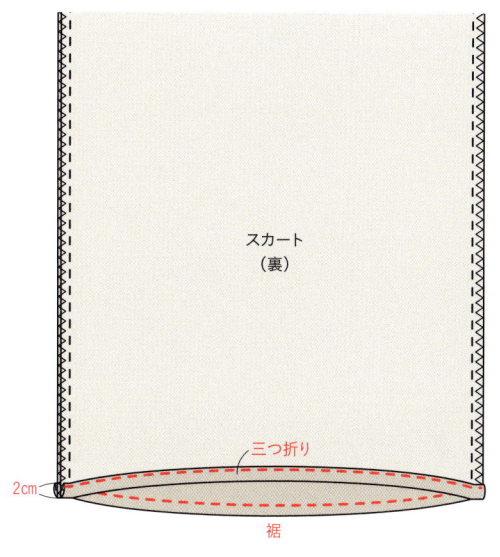

裾は1cm折ってから、さらに2cm折り、三つ折りの端を縫う。

OPTION

袖と衿をアレンジ

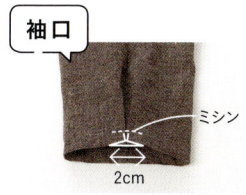

袖口

衿

袖口にタックを寄せると、パフスリーブに。図のように2cmのタックを寄せ、上からミシンで押さえて。

襟ぐりを内側に折り込むと、首周りのシルエットが変化。衿ぐり前面を1.5cm内側に折り、中央のみまつり縫いする。

ARRANGEMENT

アレンジ

FRENCH SLEEVE DRESS

フレンチスリーブ
ワンピース

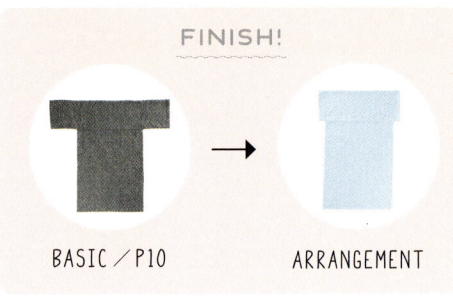

FINISH!

BASIC／P10 → ARRANGEMENT

CUT-OUT CLOTH

SIZE.
- 身幅　58cm
- 裄丈　32cm
- 着丈　96cm

スクエアワンピース(P10)の袖を短くするだけ！

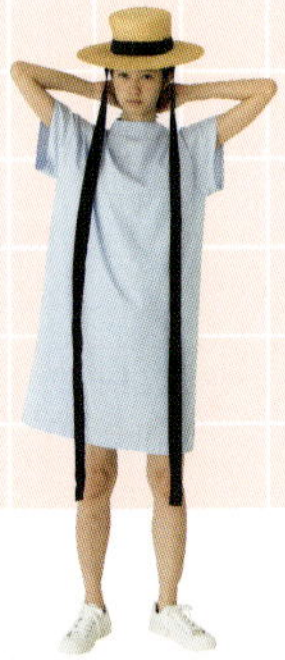

16

STYLE.2

袖を短くするだけで印象が
ガラリとチェンジ。薄手生
地で仕立て涼しい季節にも

SEWING LESSON
フレンチスリーブワンピース

● **仕上がりサイズ**

身幅58cm／裄丈32cm／着丈96cm

● **材料**

布（綿ピケ）　　　　　110cm幅×2.2m

● **適している布**

肩が自然に落ちるように、張りのない薄手の綿やリネンの生地がおすすめ。張りのある厚手生地などは避けて。

● **裁ち方と下準備**
- 指定以外の縫い代はすべて1cm
- ～～～～ 布端にジグザグミシンをかけておく

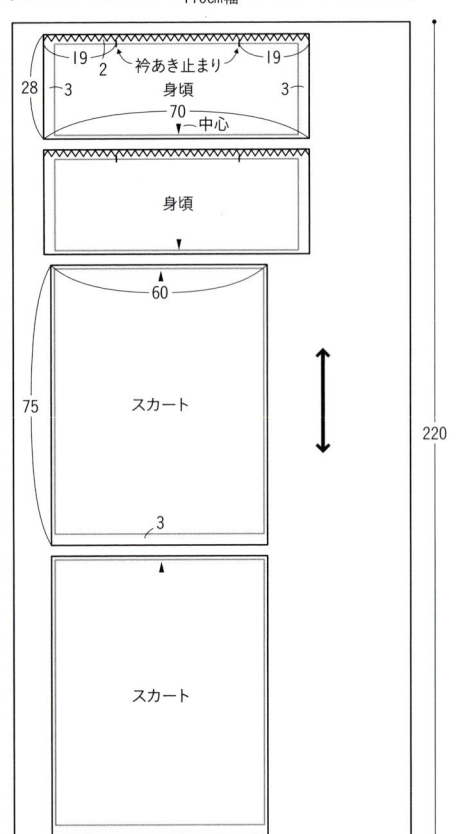

身頃とスカートを合体

1

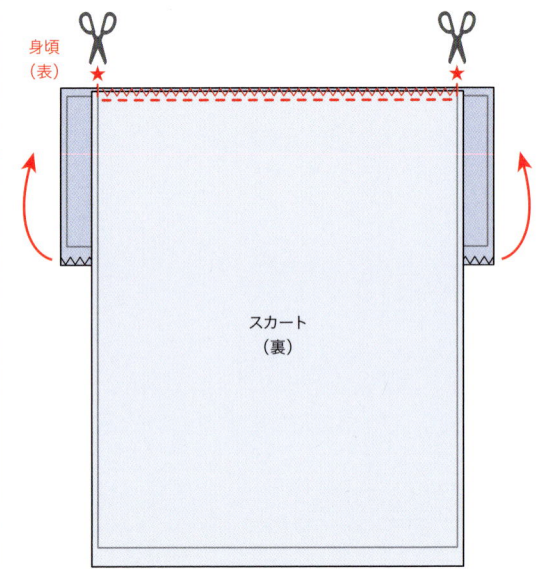

「スクエアワンピース」の作り方 1～3（P12～13）と同様に、身頃とスカートを合わせて縫う。

SEWING MEMO

生地の「張り」をチェック

このデザインは、身頃と袖が一体化しているため、張りのある生地だと肩のラインがピンと立ってしまいます。薄手の張りのない生地を選ぶと、肩から下が自然に落ち、きれいなフレンチスリーブのラインに。生地の張り加減は、生地をつまんだときの落ち具合をチェックしましょう。

薄手で張りのない生地は、つまむと落ちる。

張りのある生地は、つまんでも落ちにくい。

FRENCH SLEEVE DRESS

→ 前後を合体 ─── → 衿ぐりを始末 ─── → 袖口と裾を始末 → 完成!

2

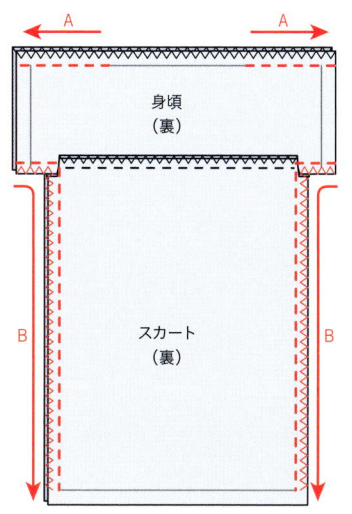

「スクエアワンピース」の作り方 4 (P14)と同様に、前後を中表に合わせて縫う。

3

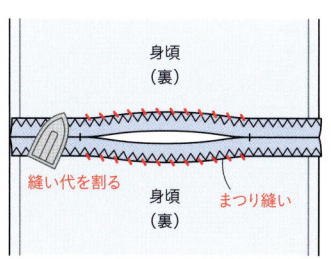

「スクエアワンピース」の作り方 5 (P14)と同様に衿ぐりを始末する。

4

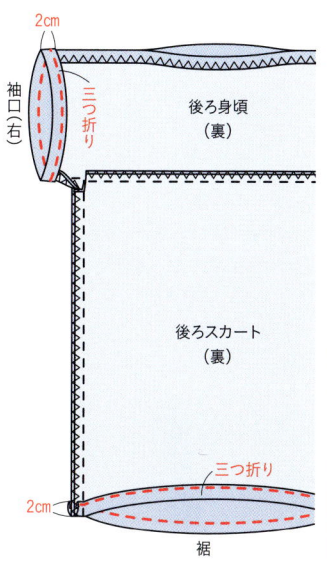

「スクエアワンピース」の作り方 6 〜 7 (P15)と同様に、袖口と裾を始末する。

OPTION

チュニック丈にアレンジ

スカート丈を15〜20cm短くするだけで、レイヤードスタイルにも役立つチュニックに。パンツやレギンスを合わせると、印象がガラリと変わります。

19

SQUARE TUCK DRESS

アレンジ

スクエアタック
ワンピース

FINISH!

BASIC／P10 → ARRANGEMENT

CUT-OUT CLOTH

SIZE.
- 身幅　66cm
- 裄丈　52cm
- 着丈　96cm

袖の長さはスクエアワンピース（P10）と同じ

スカートにタックを入れて立体的なシルエットに

STYLE.3

前後ともにタック入り。ふ
わっと広がるかわいらしさ
を、薄手生地の軽い素材感
で引き立てて

ARRANGEMENT

SEWING LESSON

スクエアタックワンピース

● **仕上がりサイズ**
身幅66cm／裄丈52cm／着丈96cm

● **材料**
布（リバティプリント綿ローン） 112cm幅×2.2m

● **適している布**
薄手の綿ローンのほか、綿ブロードや綿シーチング、やわらかめのリネンなどが向く。

● **裁ち方と下準備**
- 指定以外の縫い代はすべて1cm
- 布端にジグザグミシンをかけておく

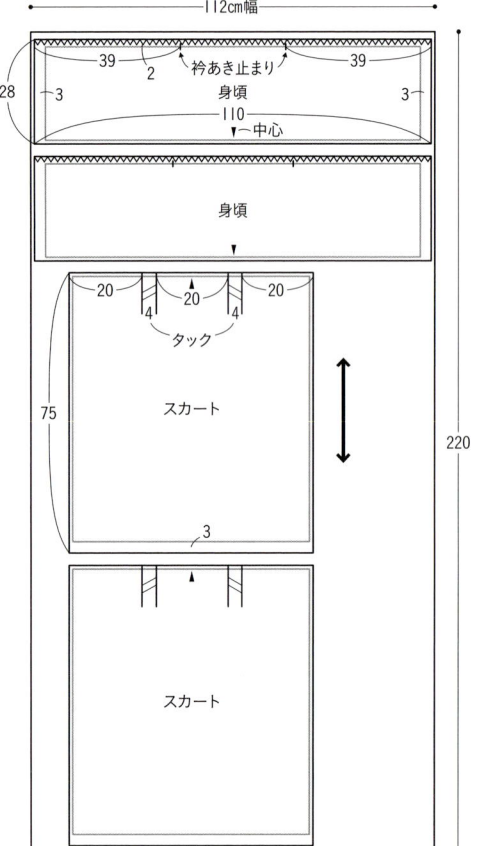

タックを作る

1

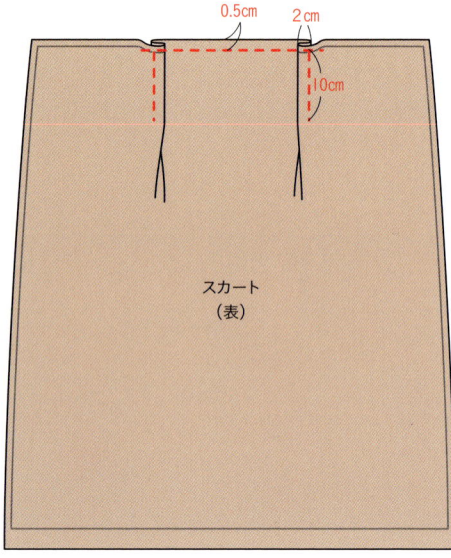

2cm幅のタックを寄せ、表側の上端から10cmまでミシンで縫いとめる。さらに上端から0.5cmのラインを縫いとめる。

タックの寄せ方

タックを寄せることで、ふんわりしたかわいいシルエットに。ワンピースやスカートの切り替え部分などによく使われます。

布を表側から2cm幅の山折りになるようにつまむ。　まち針で固定する。

SQUARE TUCK DRESS

→ 身頃とスカート、前後を合体 → 衿ぐり、袖口、裾を始末 → 完成！

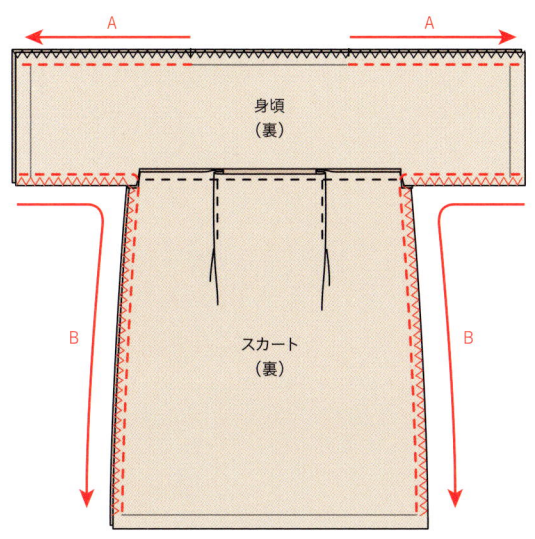

「スクエアワンピース」の作り方 1〜4（P12〜14）と同様に、身頃とスカート、前後を合わせて縫う。

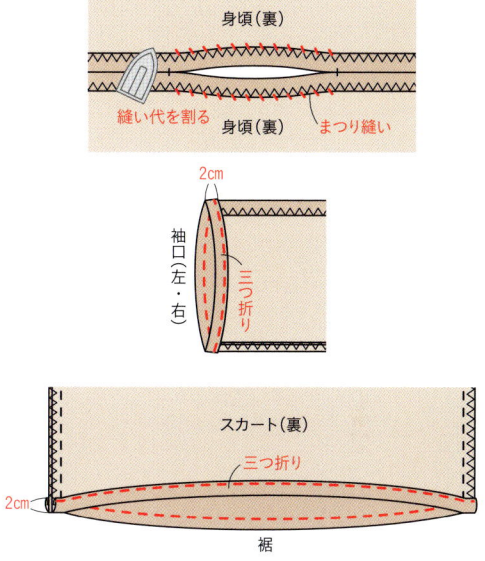

「スクエアワンピース」の作り方 5〜7（P14〜15）と同様に、衿ぐり、袖口、裾を始末する。

内側にたたみ、山折りの根元を表側から縫いとめる。

SEWING MEMO

仮止めで布のずれを防止

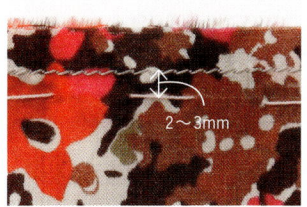

縫い線の印2〜3mm下または上を粗めに手縫い。ミシンで縫った後、手縫いの糸は抜く。

ここで使用しているローン生地は、薄くやわらかいのが特徴。初心者にとっては、布がずれやすく、ミシン縫いが難しいと感じる場合も。縫う前に、手縫いで仮止め（しつけ）をしておくと、仕上がりがきれいです。とくにタック部分には、しつけをしておくのがおすすめ。

B PATTERN

基本

GATHERED SKIRT
ギャザースカート

FINISH!

CUT-OUT CLOTH

SIZE.
- ヒップまわり 130cm
- スカート丈 50cm

四角い布にウエストゴムでギャザーを寄せるだけ

STYLE.1

ソーイング初心者にもトライしやすいスカートの基本形。長さや布のアレンジも自在

SEWING LESSON
ギャザースカート

● **仕上がりサイズ**

ヒップまわり130cm／スカート丈50cm

● **材料**

布（綿デニム）	110cm幅×1.2m
ゴムテープ	5mm幅80cm×2本 （ウエストサイズに合わせて長さ調整）

● **適している布**

綿シーチングや綿キャンバス、厚手のリネンなど、張りのある生地を使うと、しっかりした印象に。薄手生地を使うなら、横幅を広げてギャザーを増やして。

● **裁ち方と下準備**

- 指定以外の縫い代はすべて1cm

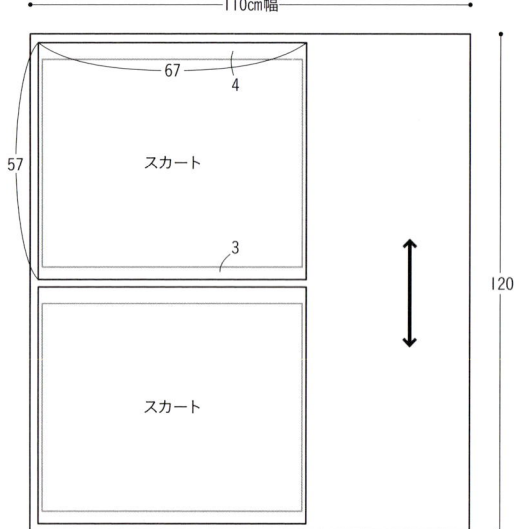

わきを縫う
1

スカートを中表に合わせ、わきの片側は上から下まで、もう一方は上4cmを残して縫う。縫い代は2枚いっしょにジグザグミシンをかける。

OPTION
横幅を好みでアレンジ

生地の横幅を広げるほど、スカートのギャザーが増えてボリュームのあるシルエットに。横幅を縮めれば、ギャザーが少なめのストンとした形になる。ギャザーを増やす場合は薄手生地がおすすめ。

GATHERED SKIRT

→ ウエストを始末

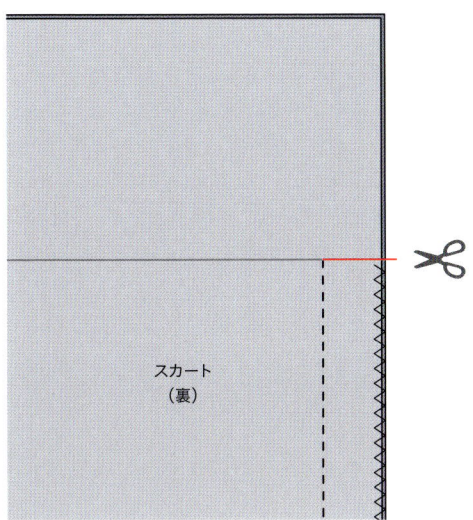

1で縫い残した部分の縫い代に、図のように切り込みを入れる。

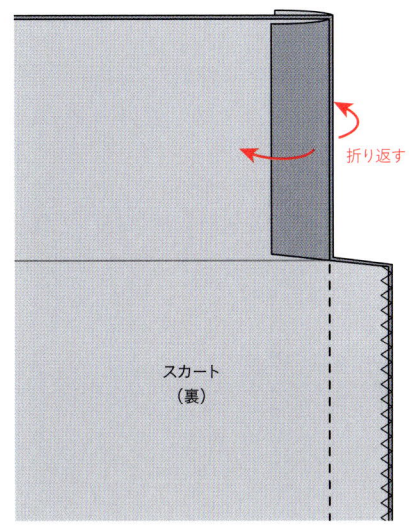

切り込みの上を、図のように折り返す。

折り返す

ゴム通し口を作る

折り返し部分は、ウエストのゴム通し口になります。ウエストゴム入りで仕上げるほかのスカートやパンツも同様の作り方をします。

縫い代の長さ分、糸切りはさみを使って切り込みを入れる。

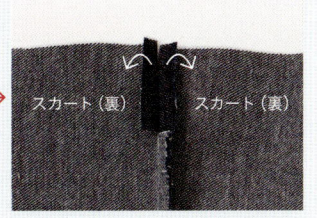

切り込みの上をそれぞれ裏側に折り返し、指、またはアイロンで押さえる。

4 5

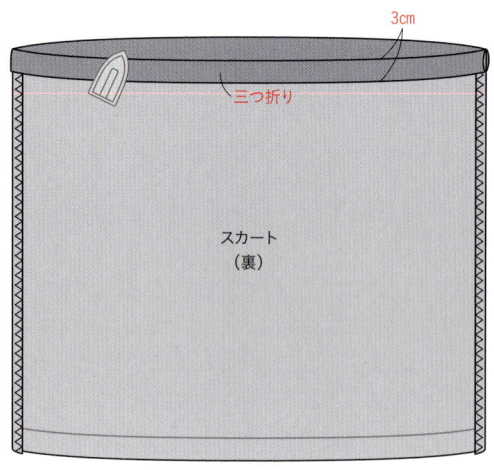

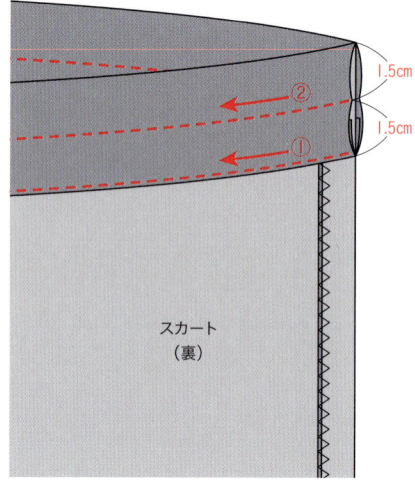

ウエスト部分を1cm折ってから、さらに3cm折り、アイロンをかける。

ウエストの三つ折りの端（上図①）をぐるりと縫う。さらに、上から1.5cmのライン（上図②）をぐるりと縫う。

ウエスト処理のコツ

ウエストをぐるりと縫うとき、縫い始めの返し縫いは不要。1周して戻ってきたら、縫い終わりを返し縫いして。

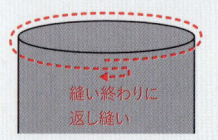

ゴム通し口をまち針で固定し、ぐるりとミシンをかける。このとき反対側の布を縫い込まないように注意。

上のラインも同様にぐるりとミシン。

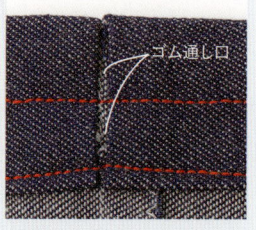

2箇所のゴム通し口が完成。

GATHERED SKIRT

→ 裾を始末 ─────────────────────────────→ 完成！

6

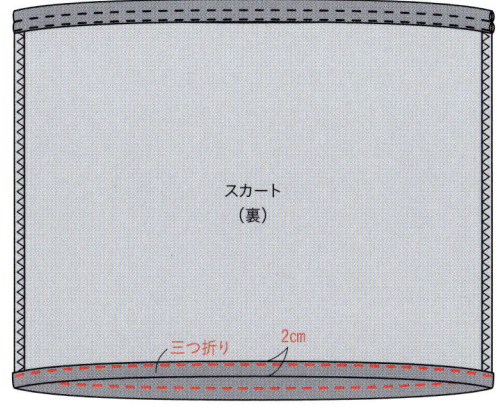

裾を1cm折ってから、さらに2cm折り、三つ折りの端を縫う。

7

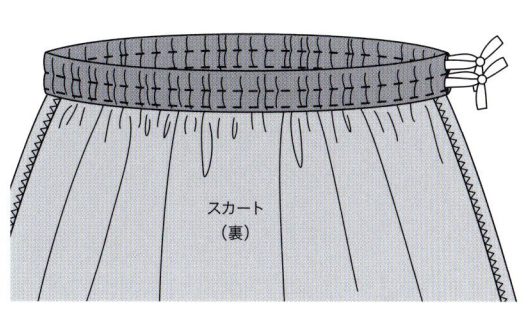

ゴム通し口から、上、下2本のゴムを通す。

ゴム通しのコツ

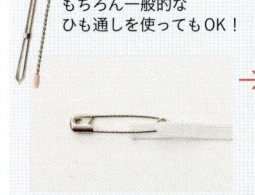

ゴム通しは、安全ピンを使うと抜けにくくかんたん。ゴム端に安全ピンをつけて。

もちろん一般的なひも通しを使ってもOK！

安全ピンをゴム通し口に入れ、ゴムを通していく。

通し終わったら、ゴム端を長めに残して仮結び。この状態で試着し、ゴムの長さを決める。

固結びをして、ゴム端を短く切る。

NG

両端を重ねて同時に結ぶ方法だと、結び目がごろつきやすい。

B ARRANGEMENT

アレンジ

SWITCHING SKIRT

切り替えスカート

FINISH!

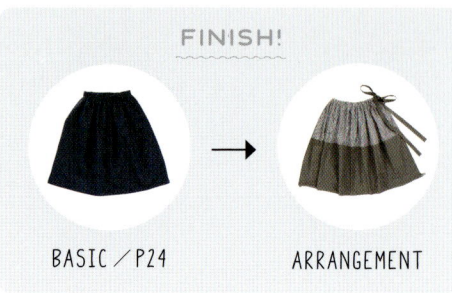

BASIC／P24　　ARRANGEMENT

SIZE.

・ヒップまわり　216cm
・スカート丈　60cm

CUT-OUT CLOTH

ウエストと裾のリボン

上下2種類の異なる柄を組み合わせる。シックな配色で洗練された印象に。

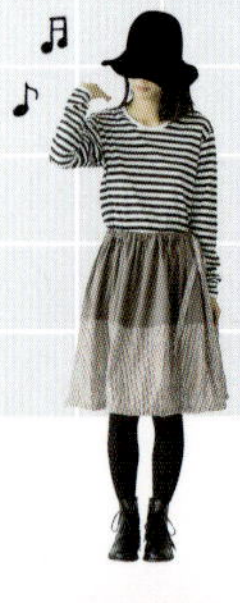

STYLE.2

共布リボンの絞り方で、シルエットの変化がいく通りも楽しめるデザイン。上下逆にしてもOK

SEWING LESSON
切り替えスカート

● **仕上がりサイズ**
ヒップまわり216cm／スカート丈60cm

● **材料**
布A（ストライプ綿ブロード）　115cm幅×0.9m
布B（無地グレイ綿ブロード）　115cm幅×0.9m

● **適している布**
綿シーチングや綿サッカー、薄手のリネンなど、薄手だが張りのある生地が向く。A、Bの柄合わせも楽しんで。

● **裁ち方と下準備**
・指定以外の縫い代はすべて1cm

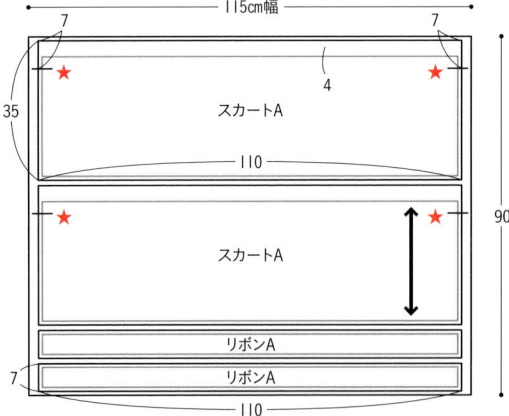

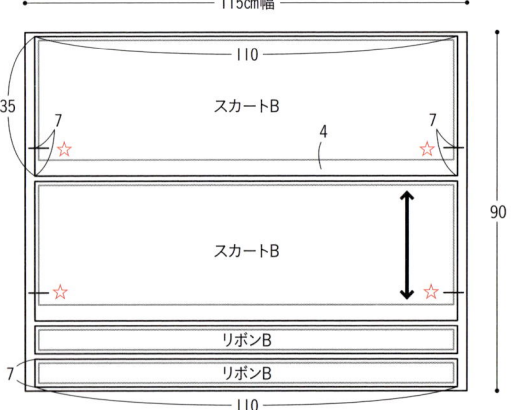

リボンを作る

1

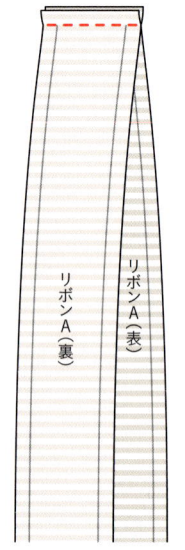

2枚のリボンAを中表に合わせ、短辺の片側を縫ってつなげる。

2

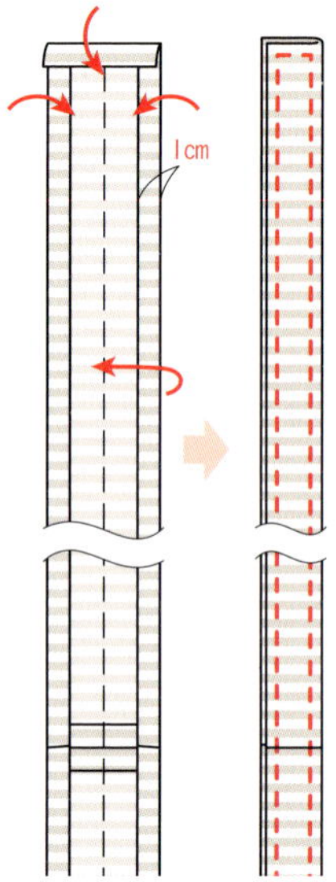

1を広げて4辺を1cm折りこむ。これを外表にして縦半分にたたみ、表から端をぐるりと縫う。リボンBも同様に作る。

SWITCHING SKIRT

→ AとBを合体　→ スカートを作る　→ 上下の端を始末 → 完成！

3

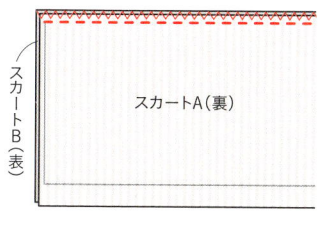

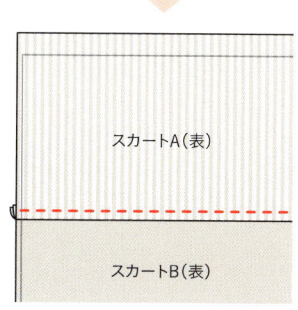

スカートAとスカートBを中表に合わせて縫う。縫い代は2枚いっしょにジグザグミシンをかけてから布A側に倒し、表からミシンをかけて押さえる。もう1組の布Aと布Bも同様に縫い合わせる。

4

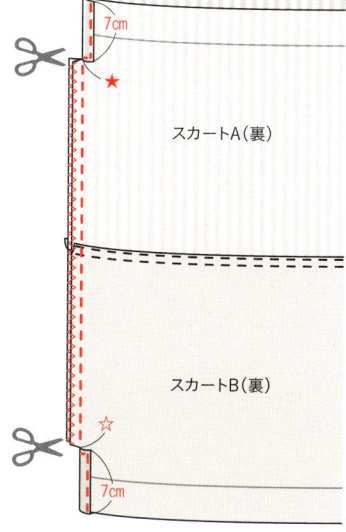

3の2組を中表に合わせ、両わきの★から☆の間をミシンで縫う。縫い代は2枚いっしょにジグザグミシン。さらに両わきの★と☆の縫い代に切り込みを入れ、それぞれ折り返してミシンをかけて押さえる。

5

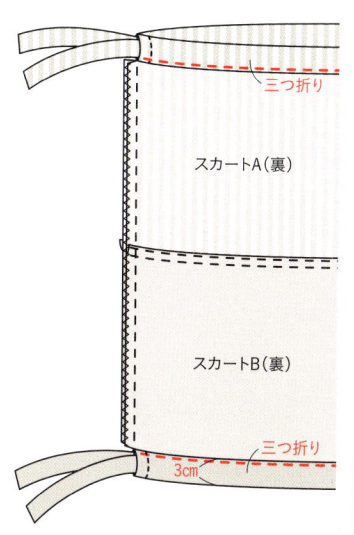

上下の端は、1cm折って、さらに3cm折り、三つ折りの端を縫う。リボン通し口から上、下2本のリボンを通す。

縫い代の押さえ方

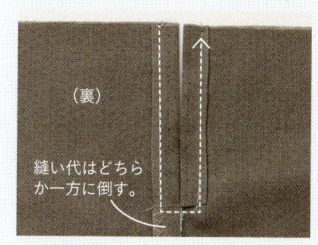

縫い代を折り返した箇所は、スカートを縮めたり広げたりする際にひもの出入口になります。ミシンで押さえて強度を高めましょう。

縫い代の端を、写真のようにぐるりと続けて縫って。

リボンを通すときは

太めのリボンを通す際は、大きめの安全ピンを使うとかんたん。リボンの端に安全ピンをつけてから、通して。

33

ARRANGEMENT B

アレンジ

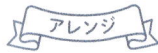

GATHERED SKIRT WITH PETTICOAT

ペチコート付き ギャザースカート

FINISH!

BASIC／P24 → ARRANGEMENT

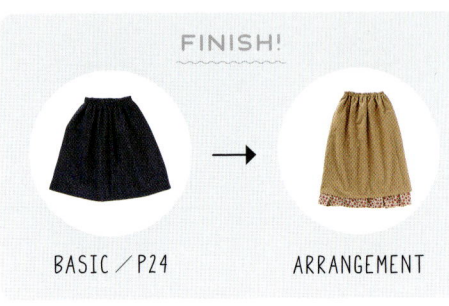

SIZE.

・ヒップまわり 106cm
・スカート丈 63cm

CUT-OUT CLOTH

基本のギャザースカート(P24)と同型のオーバースカート

裾からちらっと見えるペチコートスカート

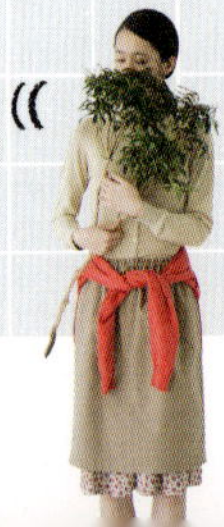

STYLE.3

裾に小花柄がのぞいてかわいい。2重仕立てでかんたんにレイヤードスタイルが完成

SEWING LESSON

ペチコート付きギャザースカート

● 仕上がりサイズ
ヒップまわり106cm／スカート丈63cm

● 材料
布［オーバースカート］（綿起毛キャンバス）
　　　　　　　　　　　　110cm幅×0.65m
布［ペチコートスカート］（リバティプリント綿ローン）
　　　　　　　　　　　　112cm幅×1.35m
ゴムテープ　　　5mm幅80cm×2本
　　　　　（ウエストサイズに合わせて長さ調整）

● 適している布
オーバースカートは綿キャンバスやデニムなどの厚手生地、ペチコートは綿ローンや綿ブロード、シングルガーゼなど薄手生地を。

● 裁ち方と下準備
・指定以外の縫い代はすべて1cm

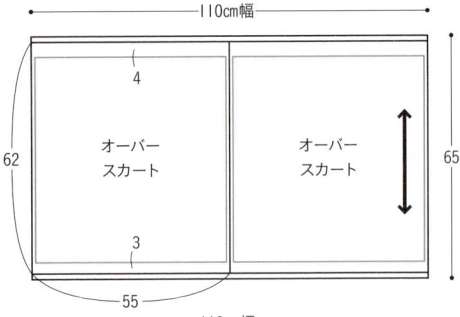

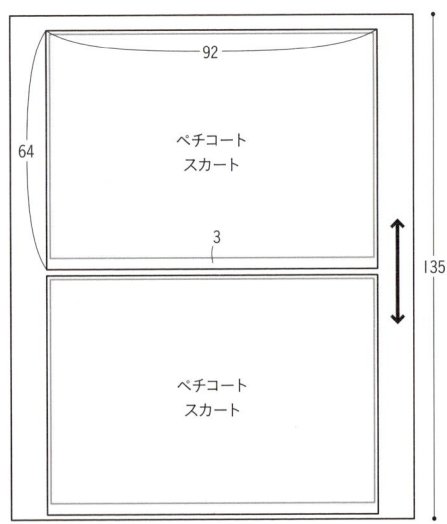

オーバースカートを作る

1

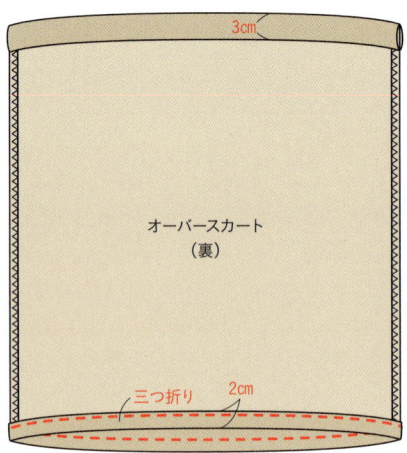

「ギャザースカート」の作り方1〜4（P26〜28）と同様に、オーバースカートを作る。裾は1cm折り、さらに2cm折って、三つ折りの端を縫う。

ギャザーの寄せ方

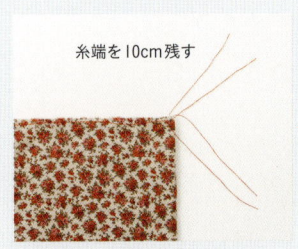

ペチコートスカートの上端から0.5cmのところに粗いミシン（4〜5mm／1針）をかける。

GATHERED SKIRT WITH PETTICOAT

→ ペチコート　　→ スカートを合体　→ ゴムを通す→　完成！
　スカートを作る

2

①粗いミシンをかける
③ギャザーを寄せる
②
ペチコートスカート(裏)
三つ折り　2cm

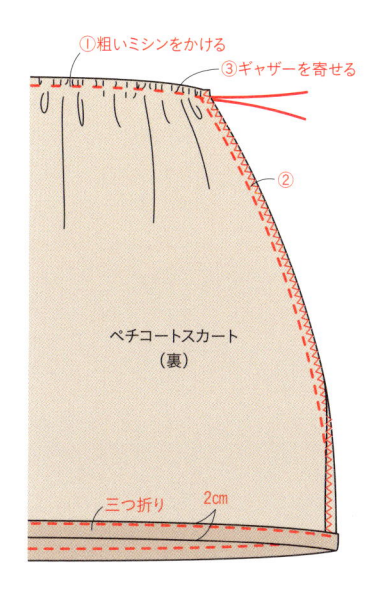

ペチコートスカートは上端に粗いミシン（①）。中表に合わせて両わきを縫い、縫い代にジグザグミシン（②）。オーバースカートのウエスト幅に合わせてギャザーを寄せる（③）。裾は1cm折り、さらに2cm折って三つ折りの端を縫う。

3

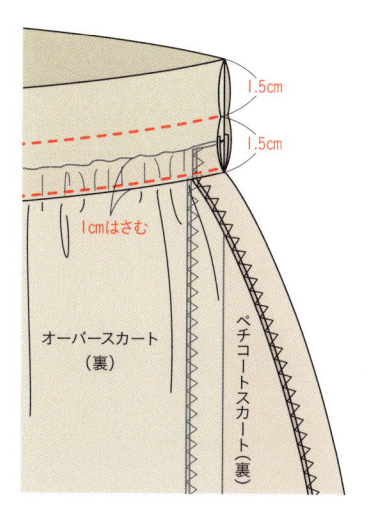

1.5cm
1.5cm
1cmはさむ
オーバースカート(裏)
ペチコートスカート(裏)

オーバースカートのウエスト三つ折りの下端に、ペチコートスカートの上端1cm分をはさんで、三つ折りの端をいっしょにぐるりと縫う。さらに上端から1.5cmのラインを、ぐるりと縫う。

4

オーバースカート(表)
ペチコートスカート(表)

表に返し、ゴム通し口から、上、下2本のゴムを通す。

糸端を残した表側の糸2本のうち、どちらか1本を引っ張り、ギャザーを寄せる。糸切れを防ぐには、左右順番に少しずつ寄せていくのがコツ。

オーバースカートのウエスト幅に合わせたら、ギャザーが均等に寄るように整える。

均等にきれいなギャザーが寄った状態。

NG 
ギャザーが1箇所に偏ると仕上がりが美しくない。

SQUARE BLOUSE

基本

スクエアブラウス

FINISH!

CUT-OUT CLOTH

SIZE.
- 身幅　58cm
- 着丈　65cm

衿ぐりにつける見返し

四角い布に見返しをつけるだけ。袖つけも衿つけも不要

STYLE.1

四角形のパターンが、着ると立体的なシルエットに。着心地バツグンなうえ、着回しも万能。

SEWING LESSON

スクエアブラウス

● **仕上がりサイズ**
身幅58cm／着丈65cm

● **材料**
布（リネン）　　　140cm幅×1m

● **適している布**
リネンのほか、ダブルガーゼや綿ローンなど、くったりしたやわらかめの布を使うと、着たときのシルエットがきれい。

● **裁ち方と下準備**
- 指定以外の縫い代はすべて1cm
- 〰〰〰　布端にジグザグミシンをかけておく

※衿ぐりはカバー袖（奥付の対向ページ）にある、縫い代込みのカーブ正規を使用。カーブの両端を、衿ぐりの端と中心に合わせ、印をつける（カーブの印つけ→P7）。

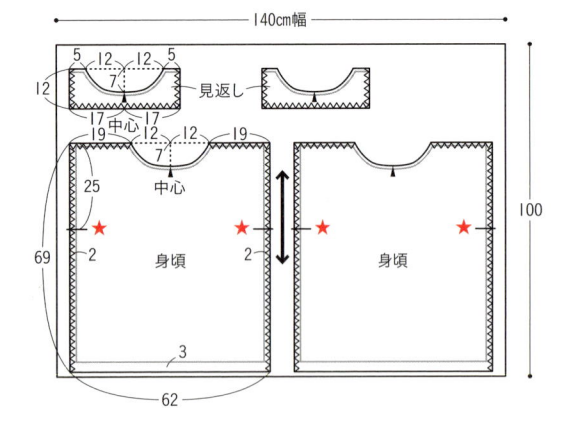

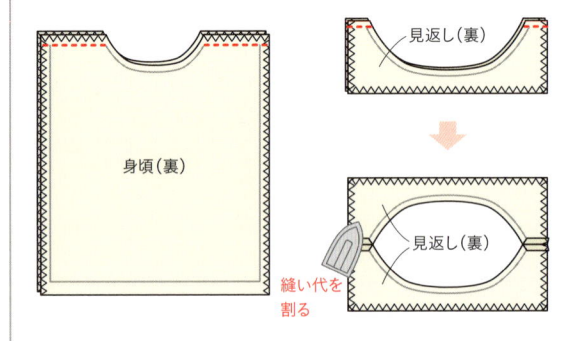

肩を縫う 1

身頃と見返しをそれぞれ中表に合わせて、肩を縫う。見返しの縫い代はアイロンで割る。

SEWING MEMO

「見返し」をつけるのはなぜ？

衿ぐりなどのカーブがついている箇所は、袖や裾のように布端を三つ折りにして始末するのは大変。そこで、見返しをつけるかバイアステープを使って始末します。2つのやり方のうち、見返しをつけるほうがかんたんで、初心者におすすめ。衿もとの布を補強し、張りをもたせるというメリットもあります。

SQUARE BLOUSE

→ 見返しをつける

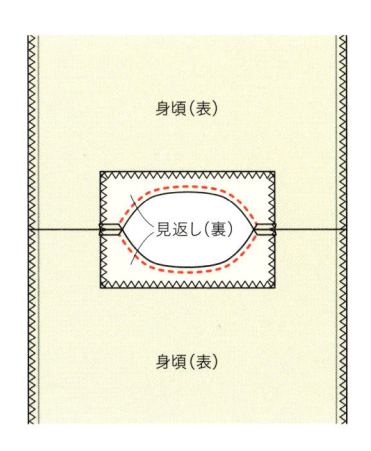

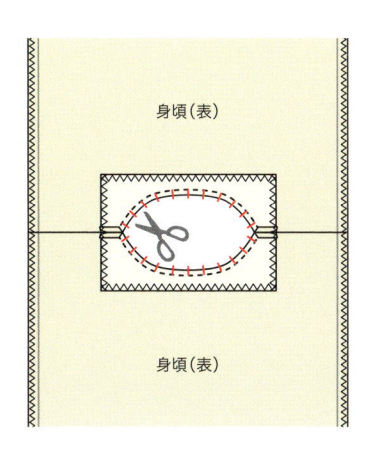

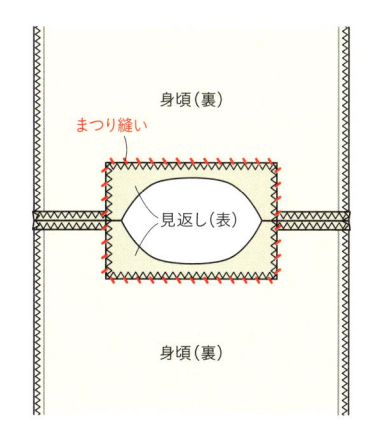

2
身頃を広げ、衿ぐりに見返しを中表に合わせて衿ぐりをぐるりと縫う。

3
衿ぐりの縫い代に、1.5cm間隔で切り込みを入れる。

4
見返しを衿ぐりから身頃の裏側に折りこみ、まつり縫いする。

見返しのつけ方

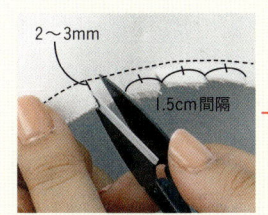

見返しと身頃を2枚いっしょに、糸切りはさみを使って仕上がり線の2〜3mm手前までを切り込む。切り込みを入れることで、衿ぐりのラインがなめらかになる。

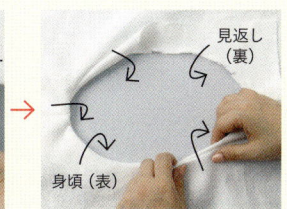

見返しを身頃の裏側に折り込みながら、表に返す。

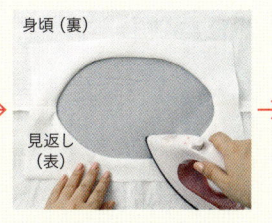

身頃の裏側からアイロンをかけ、衿ぐりを整える。

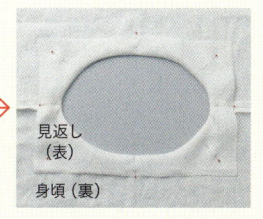

見返しをまち針で固定し、身頃にまつり縫いする。

わきを縫う

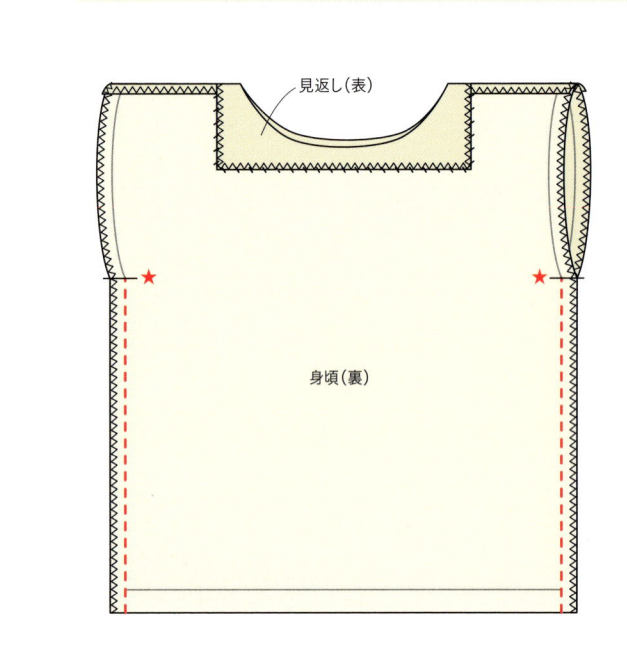

5

身頃を中表にたたみ、わきの★より下を縫う。

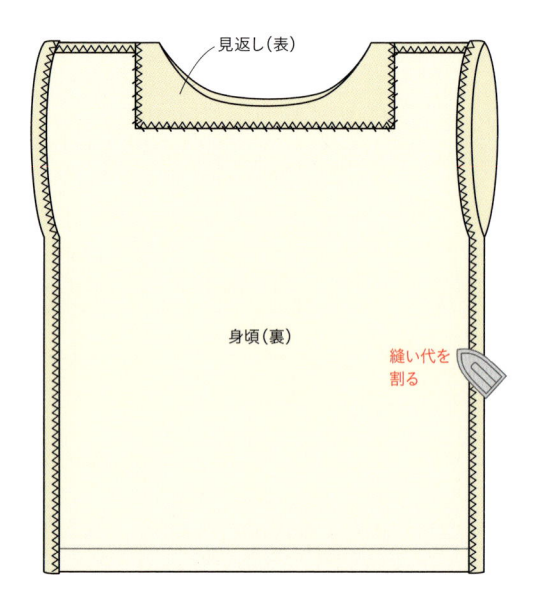

6

わきの縫い代はアイロンで割る。その延長で、袖口も縫い代と同じ幅だけ折り返してアイロンをかける。

SEWING MEMO

印つけはチャコペンシルで

スムーズな書き心地で使いやすいペンタイプのチャコペン。ただ、なかにはアイロンの熱が加わると、固定されてとれにくくなるものも。濃い色の生地であれば問題ありませんが、とくに白い生地の場合、印の色が残ると表から透けて見えやすいので注意して。水で消えるペンシルタイプがおすすめ。

SQUARE BLOUSE

→ 袖口を始末 ──────── → 裾を始末 ──────── → 完成！

7

見返し（表）

身頃（裏）

まつり縫い

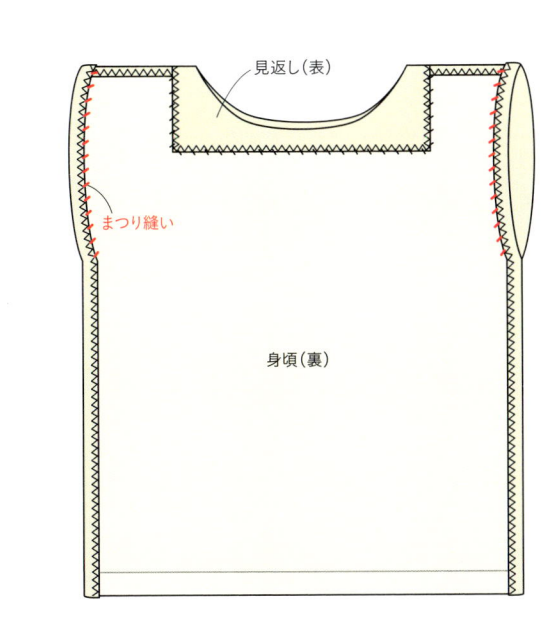

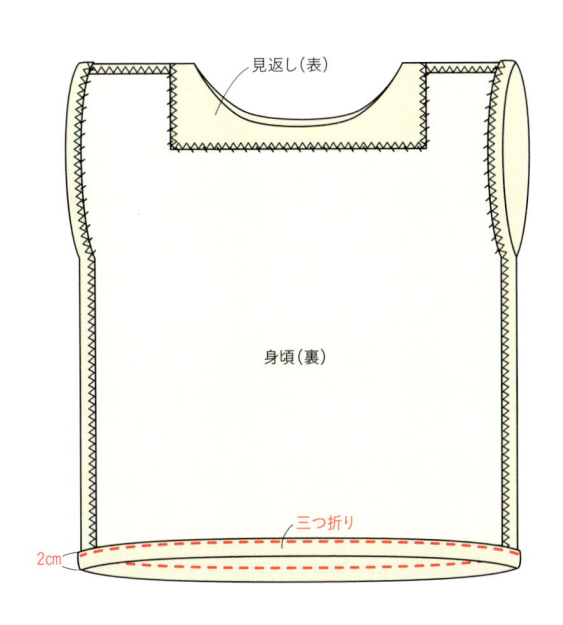

袖口の縫い代を、まつり縫いする。

8

見返し（表）

身頃（裏）

三つ折り
2cm

裾は1cm折ってから、さらに2cm折り、三つ折りの端を縫う。

袖口の始末

身頃（裏）

袖口は、折り返した縫い代をまち針でとめてから、まつり縫いする。ミシンではなくまつり縫いで始末することで、表から縫い目が見えづらく仕上がりがきれい。

ARRANGEMENT

アレンジ
SQUARE BLOUSE WITH RIBBON

リボンブラウス

FINISH!

BASIC／P38 → ARRANGEMENT

CUT-OUT CLOTH

スクエアブラウス（P38）と同じパターンをニット素材で

SIZE.
- 身幅　58cm
- 着丈　65cm

わきにリボンを加えて表情アップ

STYLE.2

わきに通したリボンでギャザーが調節できる。コーディネートに合わせて自由な着こなしを

45

SEWING LESSON

リボンブラウス

● 仕上がりサイズ
身幅58cm／着丈65cm

● 材料
布（綿ポリエステルニット）	150cm幅×1m
グログランリボン	1cm幅27cm×4本

● 適している布
裾のギャザーをきれいに出すために、ニット生地や綿ローン、薄手のリネンなどがおすすめ。リボンは表面がつるりとした伸びにくいものがおすすめ。レースなど滑りが悪いものや、伸びやすいものは避けて。

● 裁ち方と下準備
・指定以外の縫い代はすべて1cm
・布端にジグザグミシンをかけておく
※衿ぐりはカバー袖（奥付の対向ページ）にある、縫い代込みのカーブ正規を使用。カーブの両端を、衿ぐりの端と中心に合わせ、印をつける（カーブの印つけ→P7）。

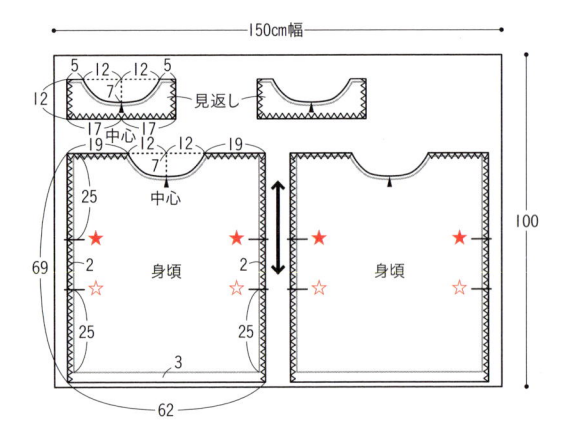

見返しをつける

1

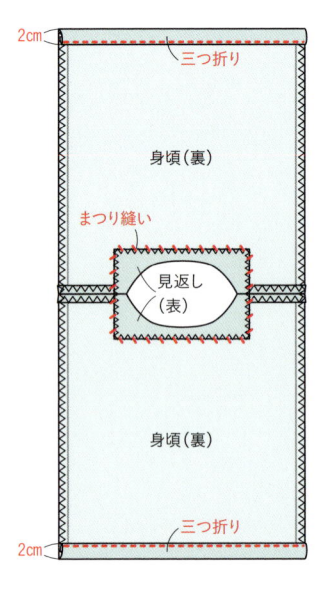

「スクエアブラウス」の作り方 1〜4（P40〜41）と同様に、衿ぐりに見返しをつける。裾は1cm折ってから、さらに2cm折り、三つ折りの端を縫う。

SEWING MEMO

ニット生地は専用針で

ニット生地を縫うときは、ミシンの針をニット専用のものに交換して。普通地用の針に比べて針先が丸くなっているので、編地であるニット生地を傷つけることなく、きれいに仕上げることができます。

ARRANGEMENT C

SQUARE BLOUSE WITH RIBBON

→ わきを縫う ────────── → リボンをつける ────── → 完成！

2

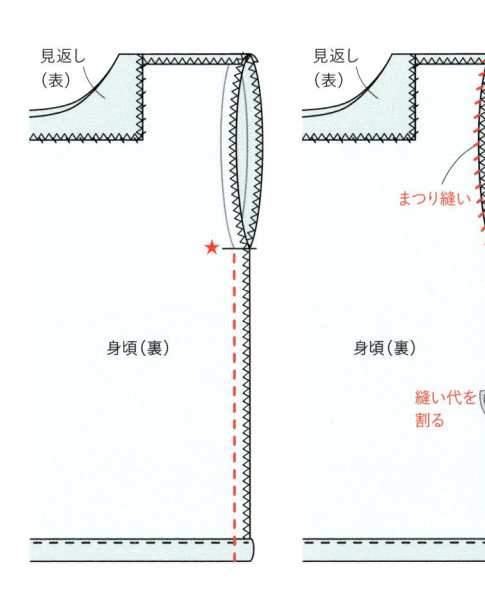

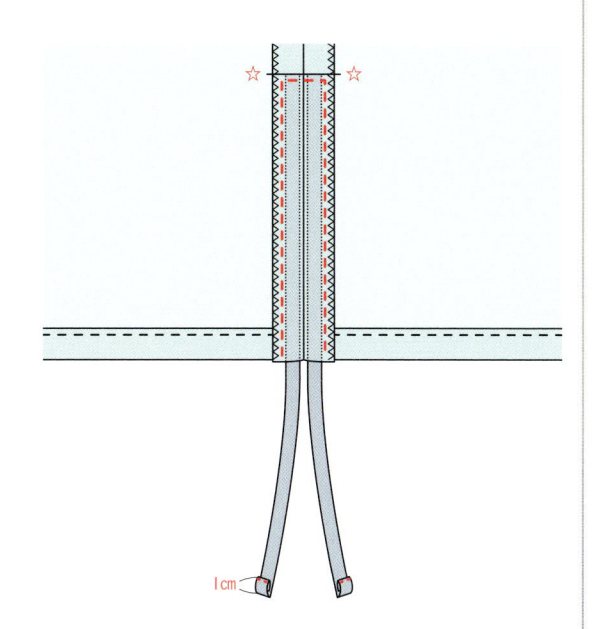

見返し（表）
身頃（裏）
★
縫い代を割る
まつり縫い

わきの★印より下を縫い、縫い代をアイロンで割る。袖口も縫い代と同じ幅だけ折り返してアイロンをかけ、まつり縫いする。

3

☆ ☆
1cm

リボンは片方の端を1cm折ってから、さらに1cm折り、三つ折りの端を縫う。わきの縫い代の☆印から下にリボンをはさみ、上図のように「コ」の字型にミシンをかける。反対のわきにも同様につける。

リボンのつけ方

身頃（裏） 縫い代

わきの縫い代にリボンをはさむ。このとき、リボンをわき側ぎりぎりまで寄せておく。

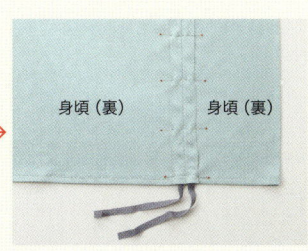

身頃（裏）　身頃（裏）

縫い代をかぶせ、リボンといっしょにまち針で固定する。

リボンの両わきを縫い込まないように注意しながら、縫い代の端を縫う。上部のみ縫い代といっしょに縫って。

ARRANGEMENT C

アレンジ
GATHERED SQUARE BLOUSE

ギャザー入り ブラウス

FINISH!

BASIC／P38 → ARRANGEMENT

CUT-OUT CLOTH

SIZE.
- 身幅　74cm
- 着丈　92cm

スクエアブラウス(P38)の幅を広げて、ギャザーを寄せる

丈を伸ばして長めのチュニック丈に

F

STYLE.3

長めのチュニックは、ギャザーを入れるだけでふんわりとやさしい印象に

SEWING LESSON

ギャザー入りブラウス

● 仕上がりサイズ

身幅74cm／着丈92cm

● 材料

布（リバティプリント綿シーチング） 112cm幅×2.2m
ゴムテープ 5mm幅10cm×4本

● 適している布

綿シーチングや綿ローンなどの薄手生地のほか、風合いのあるサッカー生地やリネンなどもおすすめ。

● 裁ち方と下準備

- 指定以外の縫い代はすべて1cm
- 布端にジグザグミシンをかけておく

※衿ぐりはカバー袖（奥付の対向ページ）にある、縫い代込みのカーブ正規を使用。カーブの両端を、衿ぐりの端と中心に合わせ、印をつける（カーブの印つけ→P7）。

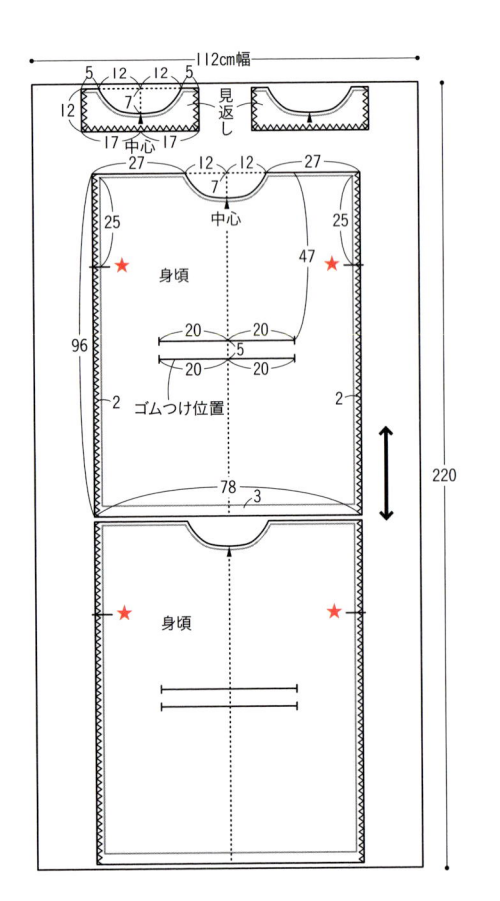

見返しをつける

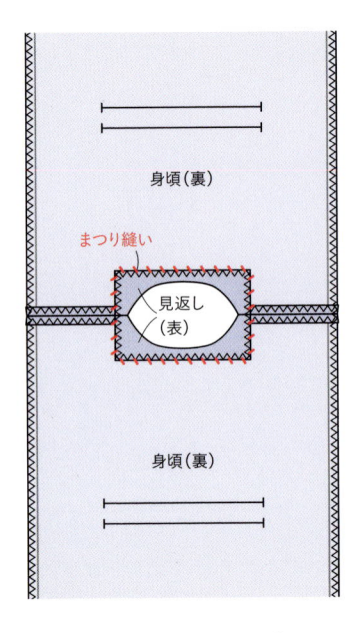

1

「スクエアブラウス」の作り方1〜4（P40〜41）と同様に、衿ぐりに見返しをつける。

ゴムの縫いつけ方

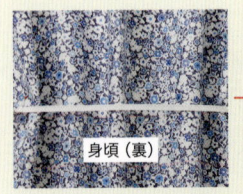

ゴムのつけ位置の両端に、まち針でゴムを固定する。このとき、布が引っ張られて自然にシワが寄る。

布とゴムを伸ばしてシワを広げ、等間隔にまち針でとめる。

GATHERED SQUARE BLOUSE

→ ゴムをつける → わきを縫う → 裾を始末 → 完成！

2

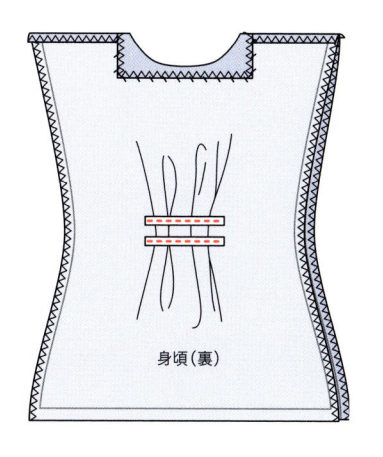

身頃（裏）のゴムつけ位置に、ゴム2本を縫いつける。ゴムは前後共につけ、中表にたたむ。

3

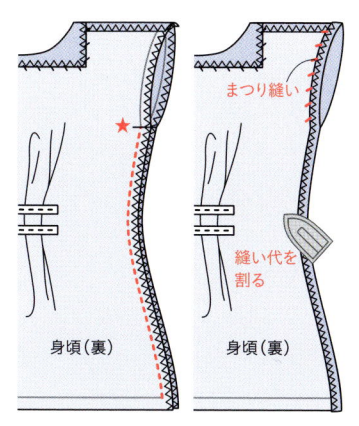

わきの★印より下を縫い、縫い代をアイロンで割る。袖口も縫い代と同じ幅だけ折り返してアイロンをかけ、まつり縫いする。

4

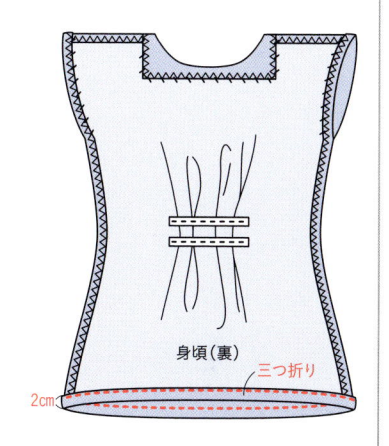

裾を1cm折ってから、さらに2cm折り、三つ折りの端を縫う。

まち針がずれないように注意して、生地とゴムを伸ばしながらゴムの中央をミシンで縫う。

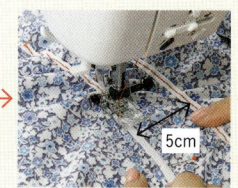

2本目のゴムも同様に縫いつける。

手を放すと自然にギャザーが寄る。

PATTERN

基本
SQUARE NECK DRESS

スクエアネック
ワンピース

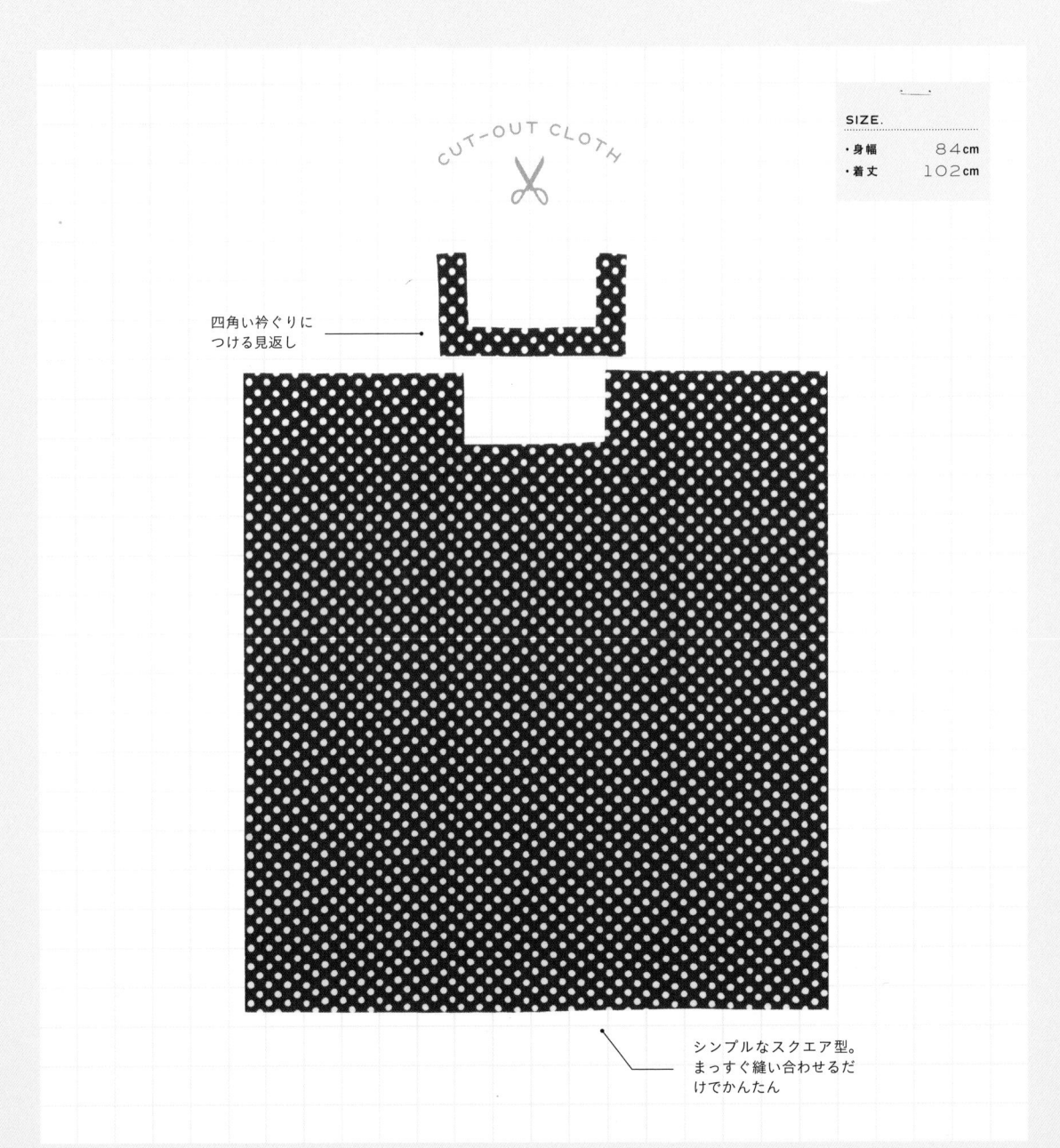

FINISH!

CUT-OUT CLOTH

SIZE.
- 身幅　84cm
- 着丈　102cm

四角い衿ぐりに
つける見返し

シンプルなスクエア型。
まっすぐ縫い合わせるだ
けでかんたん

STYLE.1

大きめのストンとしたシルエットがかわいい。1枚でも、重ね着でも、体型を選ばず着られる

PATTERN D

SEWING LESSON

スクエアネックワンピース

● **仕上がりサイズ**
身幅84cm／着丈102cm

● **材料**
布（ソレイアード綿シーチング）　112cm幅×2.5m

● **適している布**
綿ローンや綿シーチングなどで好みのプリント柄を探して。無地のリネンを使ってもナチュラルで素敵。

● **裁ち方と下準備**
・指定以外の縫い代はすべて1cm
・〜〜〜　布端にジグザグミシンをかけておく

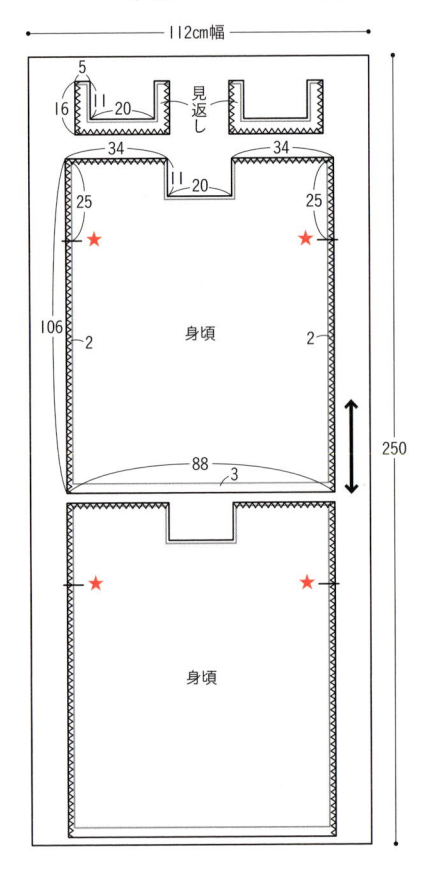

肩を縫う

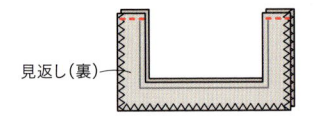

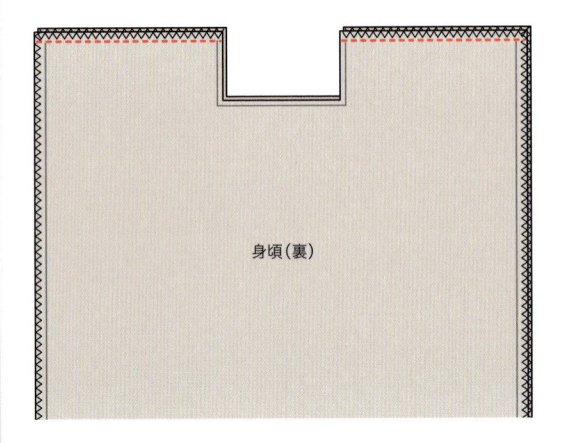

1

身頃と見返しをそれぞれ中表に合わせて、肩を縫う。

SQUARE NECK DRESS

→ 見返しをつける → わきを縫う → 袖口と裾を始末 → 完成！

2

縫い代を割る
見返し（裏）
身頃（表）

まつり縫い
縫い代を割る
見返し（表）
身頃（裏）

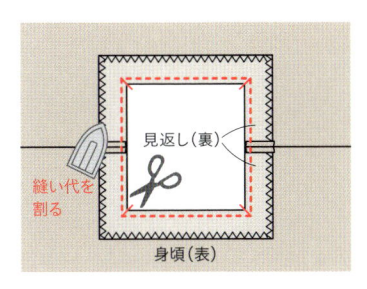

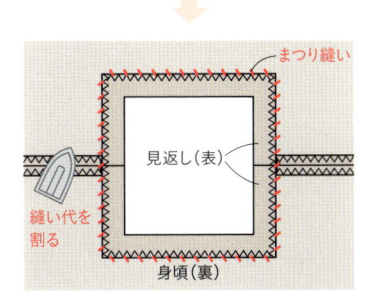

見返しの縫い代はアイロンで割る。身頃を広げて縫い代を割り、衿ぐりに見返しを中表に合わせて縫う。衿ぐりの4つの角に切り込みを入れてから、見返しを身頃（裏）に折り込み、まつり縫いする。

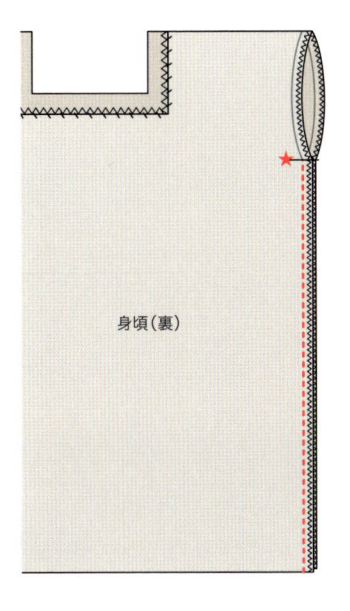

3

身頃（裏）

身頃を中表に合わせて、わきの★印より下をミシンで縫う。

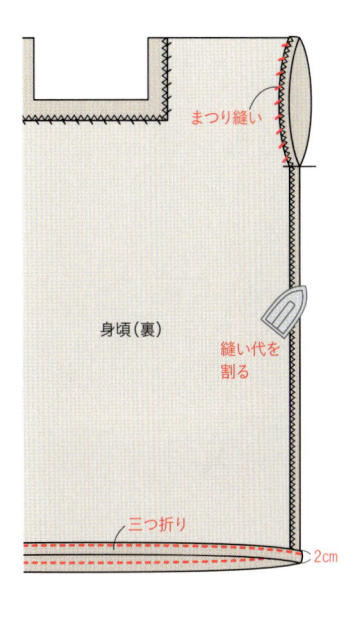

4

まつり縫い
身頃（裏）
縫い代を割る
三つ折り
2cm

わきの縫い代をアイロンで割り、袖口も縫い代と同じ幅だけ折り返してアイロンをかけ、まつり縫いする。裾は1cm折ってから、さらに2cm折り、三つ折りの端を縫う。

見返しのつけ方

身頃（表）
見返し（裏）

4つの角に、見返しと身頃を2枚いっしょに、糸切りはさみを使って切り込みを入れる。このとき縫い線の2〜3mm手前まで切り込みを入れると、衿ぐりの角がきれいに出る。

身頃（表）

見返しを身頃の裏側に折り込みながら、表に返す。

見返し（表）
身頃（裏）

身頃の裏側からアイロンをかけ、衿ぐりを整える。

D ARRANGEMENT

アレンジ

FRONT TUCKED DRESS

フロントタック
ワンピース

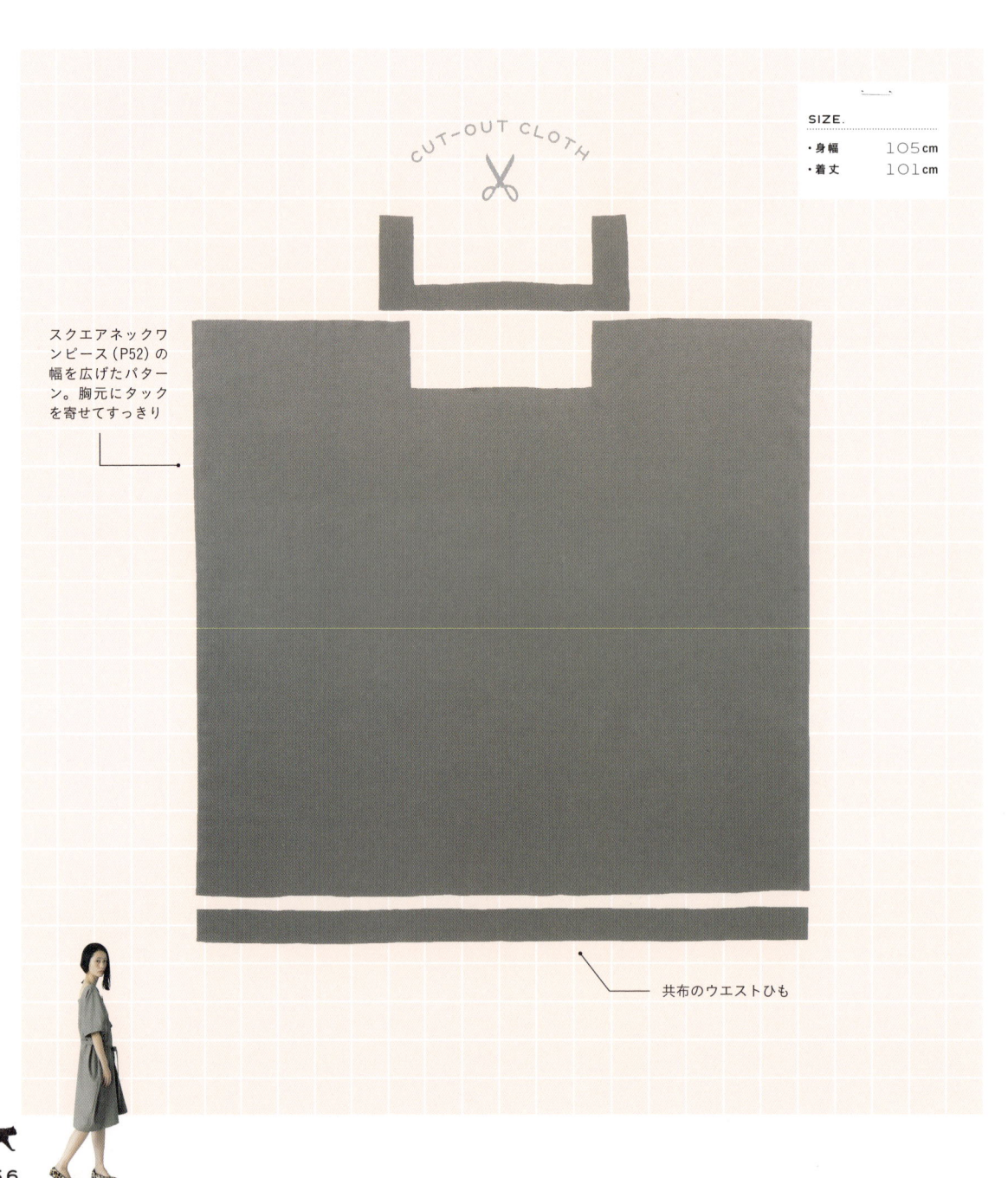

FINISH!

BASIC／P52　→　ARRANGEMENT

CUT-OUT CLOTH

SIZE.
- 身幅　105cm
- 着丈　101cm

スクエアネックワンピース（P52）の幅を広げたパターン。胸元にタックを寄せてすっきり

共布のウエストひも

STYLE.2

胸元タックとウエストひも
で、すらりとバランスよく見
える。ウエストひもはつけず
に着ても

ARRANGEMENT D

SEWING LESSON

フロントタックワンピース

- **仕上がりサイズ**

  身幅105cm／着丈101cm

- **材料**

  布（綿シーチング）　　112cm幅×2.6m

- **適している布**

  綿シーチングのほか、リネンや薄手のデニムなど、やわらかめの生地がおすすめ。

- **裁ち方と下準備**

  - 指定以外の縫い代はすべて1cm
  - 布端にジグザグミシンをかけておく

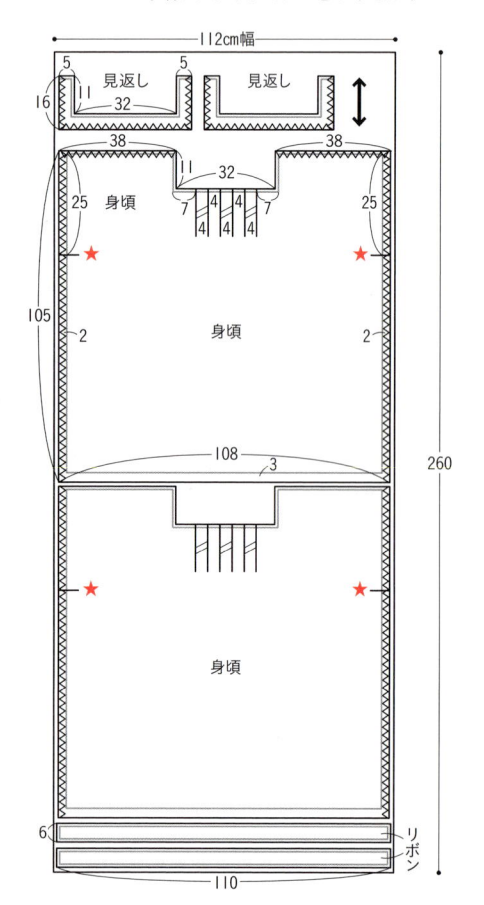

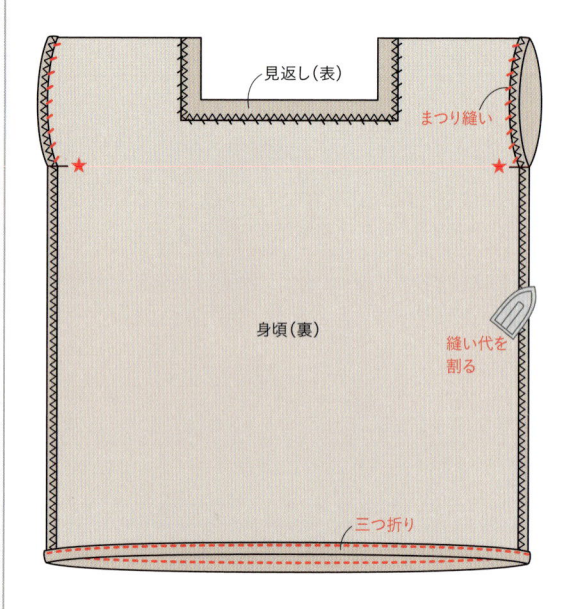

ワンピース本体を作る 1

スクエアネックワンピースの 1〜4（P54〜55）と同様の作り方で、ワンピース本体を完成させる。

FRONT TUCKED DRESS

→ タックを寄せる ────── → リボンを作る ────── → 完成！

2

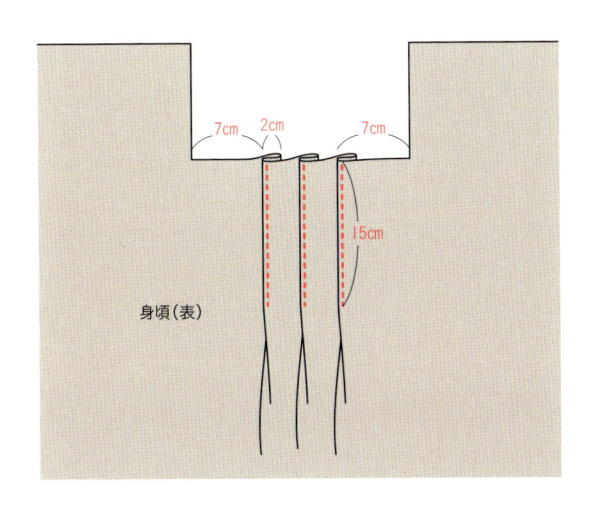

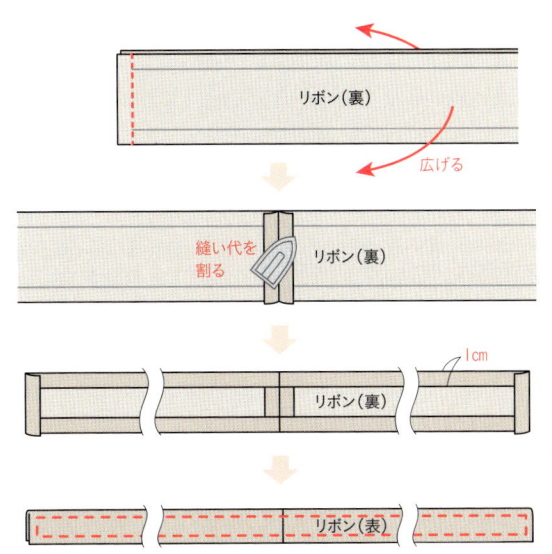

表に返し、身頃にタックを寄せる。タックは前後共に寄せる。

3

2枚のリボンを中表に合わせ、短辺の片側を縫ってつなげる。これを広げて縫い代を割る。4辺を1cm折り込んでから、外表にして縦半分に折り、表から端をぐるりと縫う。

タックの寄せ方

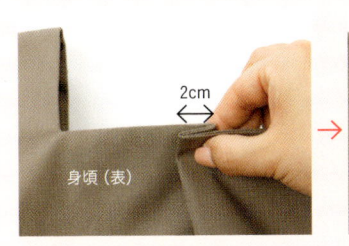

布を表側から2cm幅の山折りになるようにつまむ。

同じように3つのタックを片側に折りたたみ、まち針でとめる。

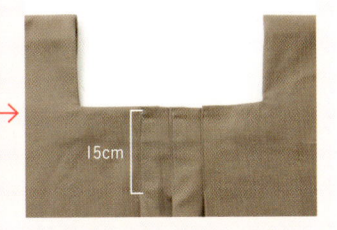

タックの折り端に、上端から15cm分、表からミシンで押さえて完成。

59

PATTERN E

基本
V-NECK TUNIC
Vネックチュニック

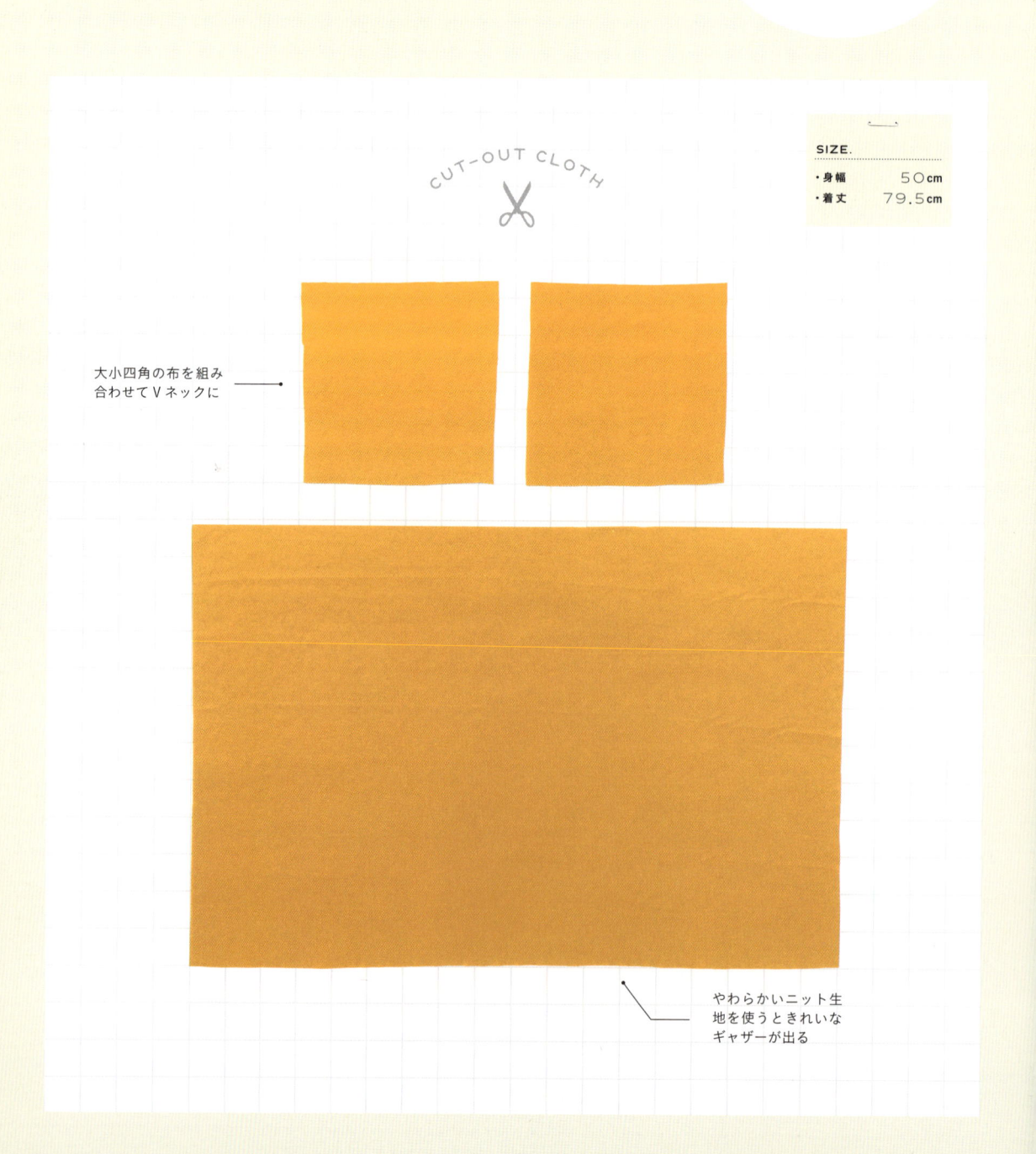

FINISH!

CUT-OUT CLOTH

SIZE.
- 身幅　50cm
- 着丈　79.5cm

大小四角の布を組み合わせてVネックに

やわらかいニット生地を使うときれいなギャザーが出る

STYLE.1

前後共にVネックのスタ
イル。Vの開きが広めなの
で、インナーをちらりと
のぞかせる着こなしを

SEWING LESSON

Vネックチュニック

● 仕上がりサイズ
身幅50cm／着丈79.5cm

● 材料
布（ウールニット）　　150cm幅×1.3m

● 適している布
ニットの素材はウールでも綿でもOK。綿ローンやダブルガーゼなどの薄手生地を使うと、ギャザーがきれいに出やすい。

● 裁ち方と下準備

〰〰〰　布端にジグザグミシンをかけておく

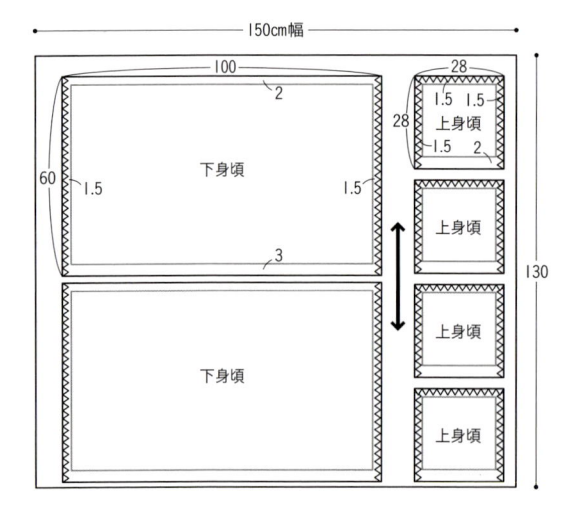

上身頃を合体

1
上身頃2枚を中表に合わせて上端を縫い、広げて縫い代を割る。さらに上身頃の両わきを、1.5cm裏側に折り返して縫う。もう1組も同様に作る。

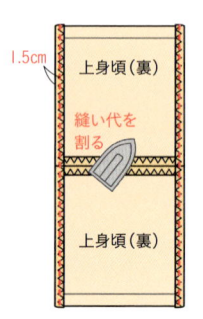

2
下身頃2枚は、それぞれ上端から0.5cmのところに粗いミシン（4〜5mm／1針）をかけ、糸端を約10cm残しておく。これを中表に合わせ、両わきを縫う。

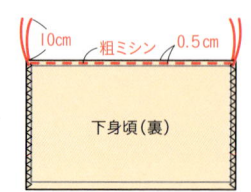

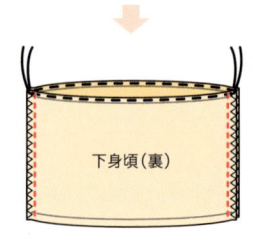

V-NECK TUNIC

→ ギャザーを寄せる → 上下を合体 ──→ 胸元をまつる → 完成！

3

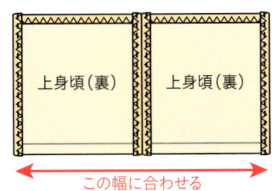

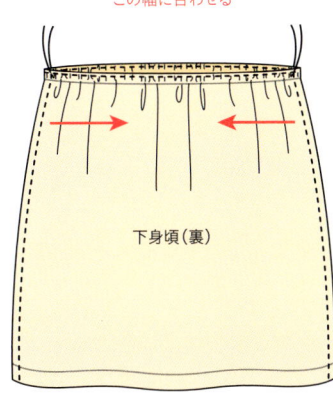

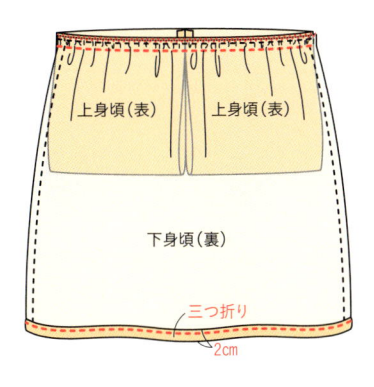

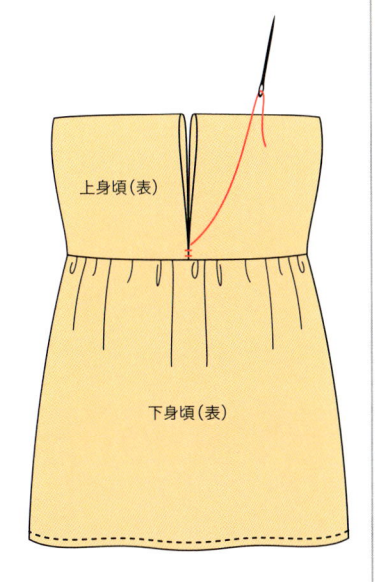

左右の上身頃を並べ、その幅に合わせて下身頃のギャザーを寄せて縮める（ギャザーの寄せ方→P36）。

4

左右の上身頃と下身頃を中表に合わせ、上端にぐるりとミシンをかける。縫い代は2枚いっしょにジグザグミシン。裾は1cm折ってから、さらに2cm折り、三つ折りの端を縫う。

5

胸元が離れやすいので、手縫いで2〜3目まつり縫いをする。

うねりが出たらスチームを

伸縮性のあるニット生地は、伸びてうねりが出てしまうことも。とくにジグザグミシンをかけたところはうねりやすくなります。うねりが気になるときは、スチームアイロンをかけましょう。スチームによって生地が縮み、うねりが目立たなくなります。

E ARRANGEMENT

アレンジ
GATHERED SHOULDER TUNIC
肩ギャザーチュニック

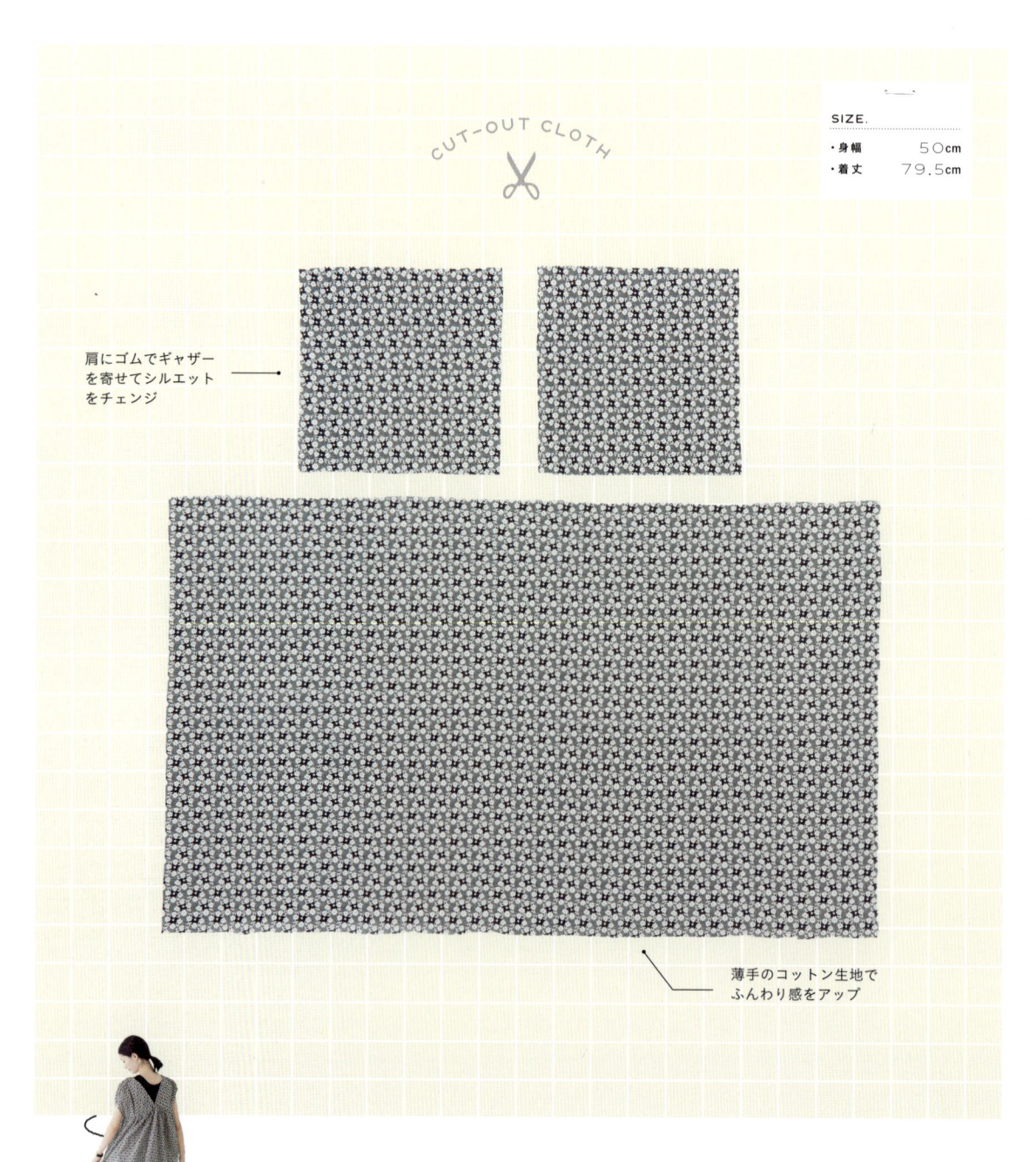

FINISH!

BASIC／P60 → ARRANGEMENT

CUT-OUT CLOTH

SIZE.
- 身幅　50cm
- 着丈　79.5cm

肩にゴムでギャザーを寄せてシルエットをチェンジ

薄手のコットン生地でふんわり感をアップ

STYLE.2

肩ギャザー入りで可憐なシルエットに。お尻がすっぽり隠れる丈でパンツにもスカートにも合わせやすい

SEWING LESSON

肩ギャザーチュニック

● **仕上がりサイズ**

身幅50cm／着丈79.5cm

● **材料**

布（リバティプリント綿ローン）	140cm幅×1.3m
ゴムテープ	5mm幅13cm×2本

● **適している布**

綿ローンや綿ブロード、ダブルガーゼ、綿（またはウール）ニット生地などがおすすめ。

● **裁ち方と下準備**

〰〰〰　布端にジグザグミシンをかけておく

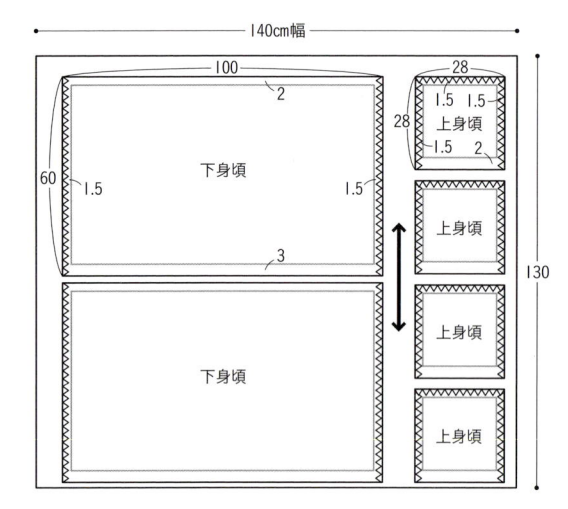

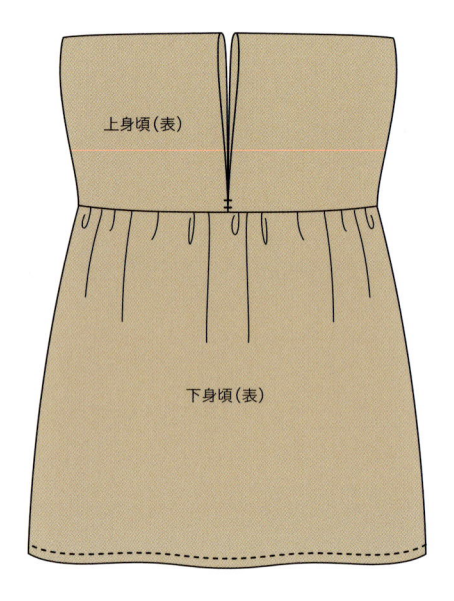

チュニック本体を作る

1

「Vネックチュニック」の作り方 1〜5（P62〜63）と同様に、ブラウス本体を完成させる。

GATHERED SHOULDER TUNIC

→ 肩ギャザーを寄せる ─────────────────────── 完成！

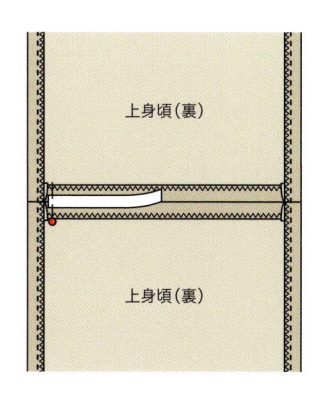

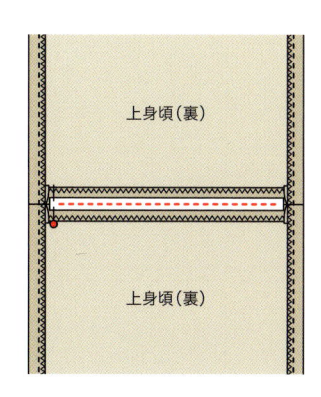

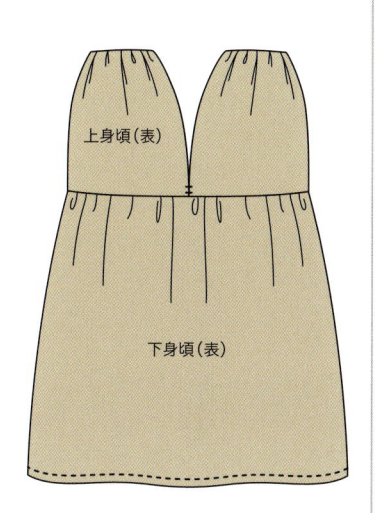

2
3
4

チュニックを裏返し、肩の縫い代を割った部分に、下の写真を参考に、まち針でゴムをとめる。

布とゴムを手で伸ばしながら、ゴムの中央をミシンで縫う。もう片方の肩にも同様にゴムを縫いつける。

手を離すと自然にギャザーが寄る。

肩ゴムの縫いつけ方

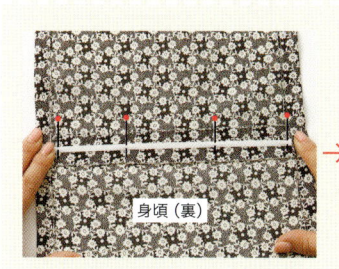

ゴムのつけ位置の両端に、まち針でゴムを固定する。さらに布とゴムを伸ばしてシワを広げ、等間隔にまち針でとめる。

まち針のとめ位置がずれないように注意して、布とゴムを伸ばしながらゴムの中央を縫う。

手を離すと自然にギャザーが寄り、完成。

67

PATTERN

基本

WRAP-AROUND SKIRT
巻きスカート

FINISH!

CUT-OUT CLOTH

SIZE.
- ヒップまわり　86cm
- 着丈　60cm

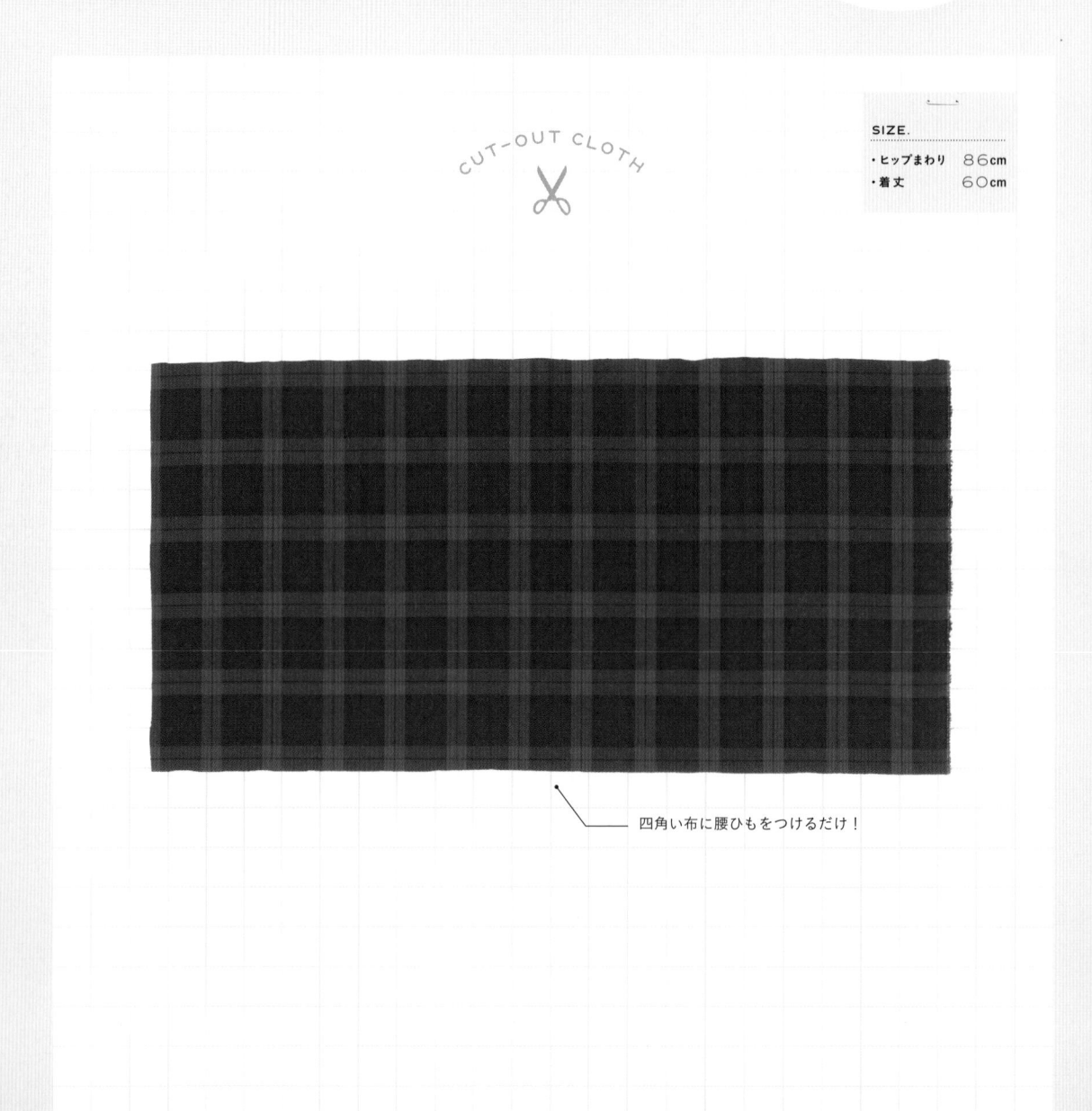

四角い布に腰ひもをつけるだけ！

STYLE.1

ウエスト調整が自在な巻きスカート。タータンチェックでトラディショナルな雰囲気

SEWING LESSON

巻きスカート

● 仕上がりサイズ
ヒップまわり86cm（巻き方によって異なる）／着丈60cm

● 材料
布（ウール）　　　　　150cm幅×0.7m
グログランリボン　　　2.5cm幅102cm、52cmの2本

● 適している布
ウールの柄入り生地はもちろん、無地のデニムやリネン、綿キャンバス地などもおすすめ。厚手の生地を選んで。リボンは結びやすいものならなんでもOK。

● 裁ち方と下準備

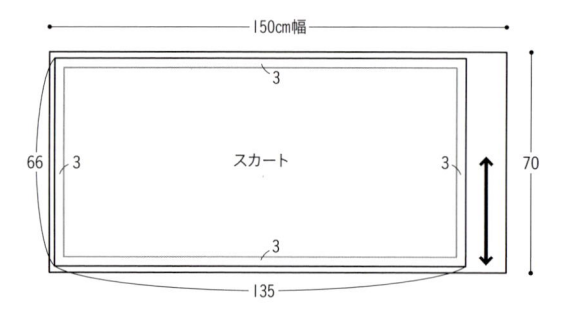

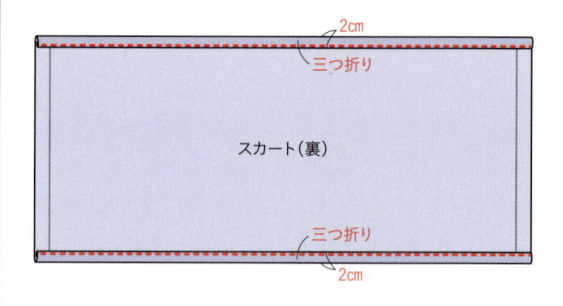

上下の端を始末

1

上下の端を1cm折ってから、さらに2cm折り、三つ折りの端を縫う。

SEWING MEMO

失敗した縫い目をほどくには

ミシン目が曲がったり、三つ折り部分から縫い目がはずれたりして、縫い目をほどきたいときは、リッパーを使うと便利。ほどきたい縫い目に、リッパーの尖った部分を差し込み、一目ずつ切りましょう。

リッパー

WRAP-AROUND SKIRT

→ **両サイドの端を始末** → **リボンの端を始末** → 完成！

2

3

スカート（裏）

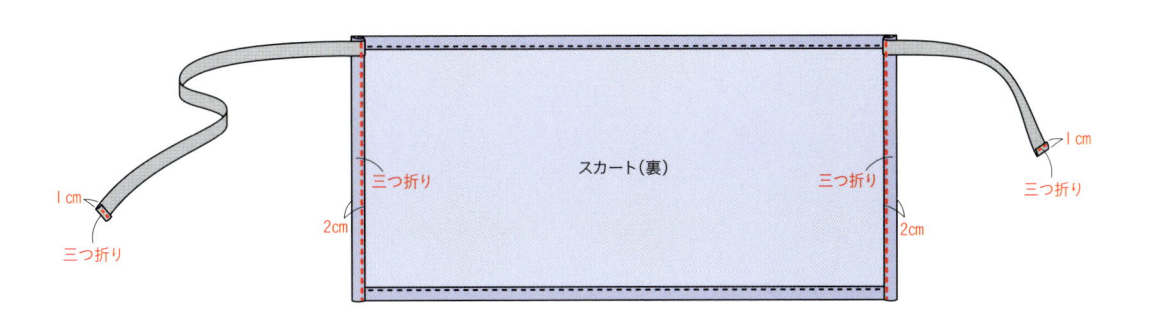

1cm
三つ折り
2cm
三つ折り
2cm
三つ折り
1cm
三つ折り

両サイドも1cm折ってから、さらに2cm折り、三つ折りにしてリボンをはさんで縫う。

リボンの端を1cm折ってから、さらに1cm折り、三つ折りの端を縫う。

リボンのつけ方

リボン
スカート（裏）

リボンの端をスカート両端の三つ折り部分にはさむ。

まち針でとめて、三つ折りの端をリボンごと縫う。

71

ARRANGEMENT

アレンジ
REVERSIBLE WRAP-AROUND SKIRT

リバーシブル巻きスカート

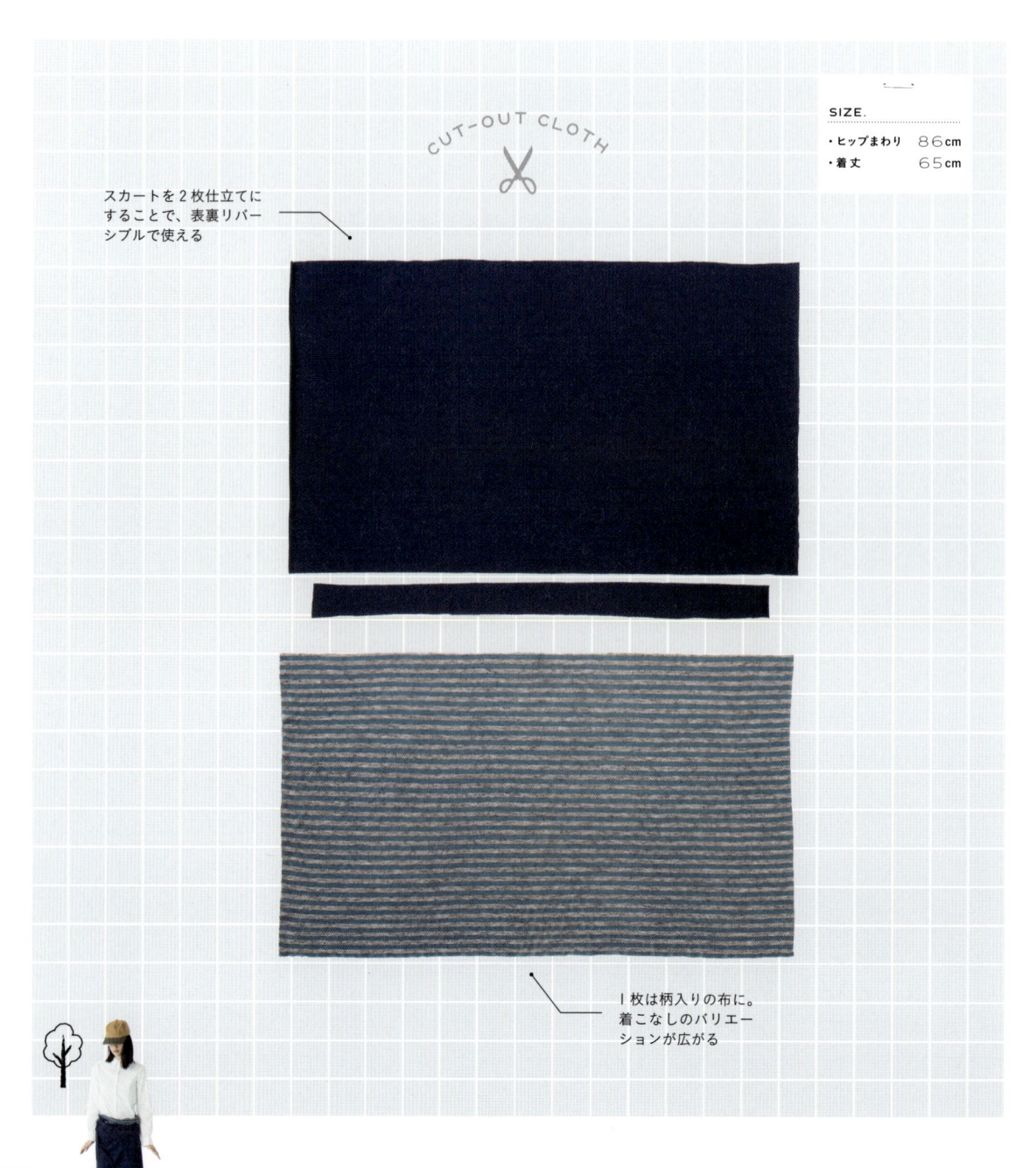

FINISH!

BASIC／P68 → ARRANGEMENT

CUT-OUT CLOTH

SIZE.
・ヒップまわり　86cm
・着丈　65cm

スカートを2枚仕立てにすることで、表裏リバーシブルで使える

1枚は柄入りの布に。着こなしのバリエーションが広がる

72

STYLE.2

ウエストを折り返したり、巻き方によって裾を斜めにしたり。表裏どちらを表にして着てもOK

ARRANGEMENT F

SEWING LESSON
リバーシブル巻きスカート

● **仕上がりサイズ**

ヒップまわり86cm（巻き方によって異なる）／着丈65cm

● **材料**

スカート布A（綿ニット紺色無地）　150cm幅×1m
スカート布B（綿ニットボーダー）　150cm幅×0.7m

● **適している布**

2重仕立てにするので、くったりしたニット生地（素材はなんでもOK）がおすすめ。表裏で色や柄を変えて。

● **裁ち方と下準備**

・縫い代はすべて1cm

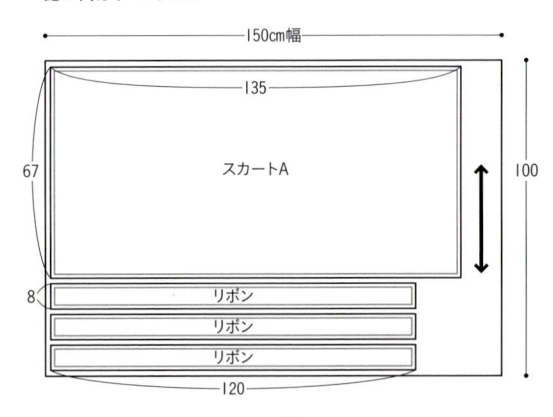

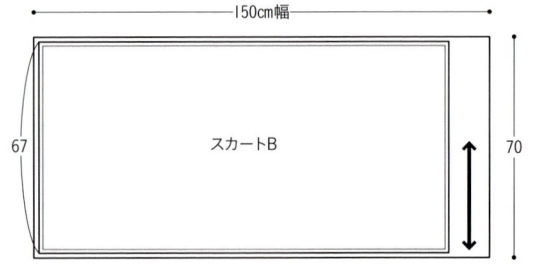

リボンを作る

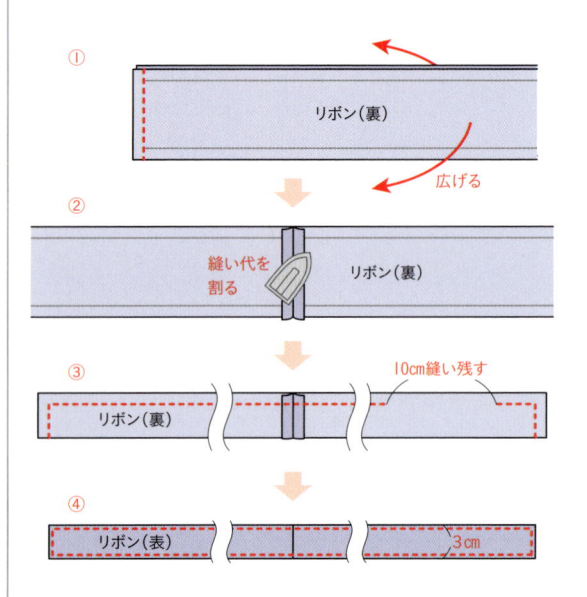

1

リボン2枚を中表に合わせて片端を縫い合わせ（①）、縫い代を割る（②）。中表にして縦半分にたたみ、端をぐるりと縫う。このとき返し口を約10cm残しておく（③）。表に返してぐるりと端にミシン（④）。残りのリボン1枚は、③→④の手順で短めのリボンを作る。

※P32の作り方 1、2 の方法で作ってもOK

REVERSIBLE WRAP-AROUND SKIRT

→ スカートを作る ─────────────────────────────→ 完成！

2

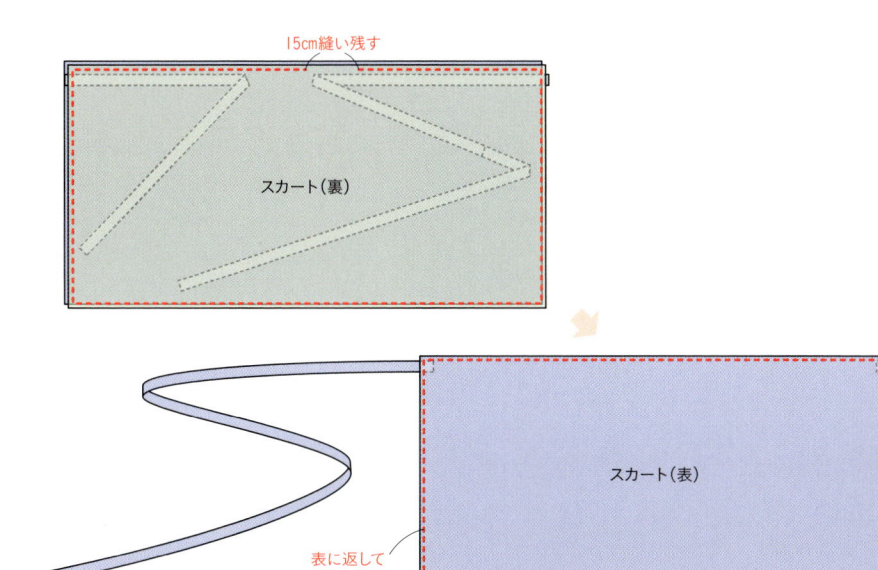

15cm縫い残す

スカート（裏）

スカート（表）

表に返して
ぐるりとミシン

スカート2枚を中表に合わせ、長短のリボンをわきの上端に
はさんで、端をぐるりと縫う。このとき返し口を約15cm残
しておく。返し口から表に返して、さらに端をぐるりと縫う。

リボンのはさみ込み方

スカート（表）　→　スカート（裏）（表）

スカートの四辺を縫うときにリボン
が巻き込まれないよう、リボンは途
中から折り曲げておく。

スカート2枚を中表に合わせ、リボ
ンの片端は、スカートといっしょに
ミシンをかける。

SEWING MEMO

角をきれいに出すには

中表に縫ったスカー
トを表に返す際、四
隅は目打ちを使って
引き出すときれいに
角が出ます。

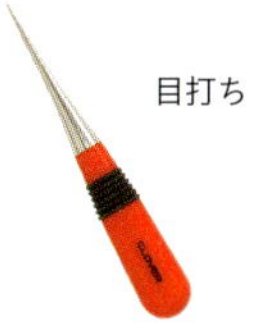

目打ち

75

PATTERN G

基本 CARDIGAN
カーディガン

FINISH!

CUT-OUT CLOTH

SIZE.
- 桁丈　70.5cm
- 着丈　96cm

長方形の布を半分に折ってわきを縫うだけ

STYLE.1

ちょっとはおるのに便利な1枚。キレイな色の布を選べばコーディネートの差し色としても活躍

G PATTERN

SEWING LESSON

カーディガン

● 仕上がりサイズ
裄丈70.5cm／着丈96cm

● 材料
布（綿ニット）　　145cm幅×1.1m

● 適している布
シルエットがきれいに出やすいニット生地（素材はなんでもOK）を。暑い季節向けには、薄手のニット生地を選んで。

● 裁ち方と下準備
・〜〜〜〜　布端にジグザグミシンをかけておく

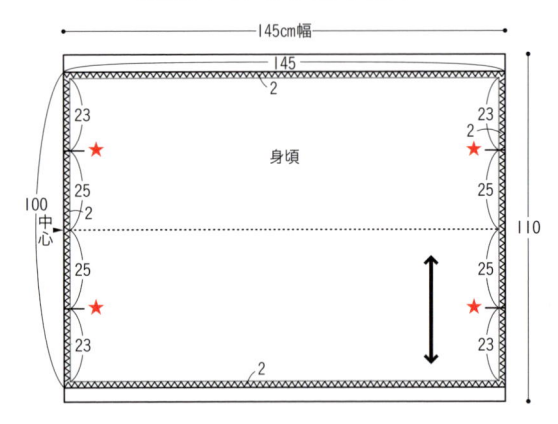

わきを縫う

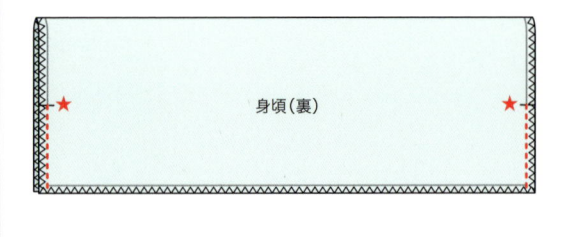

1

中表にして横半分に折りたたみ、★より下のわきにミシンをかける。

CARDIGAN

→ わきと袖口を始末 → 裾を始末 → 完成！

2

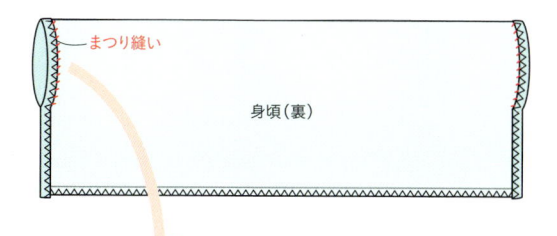

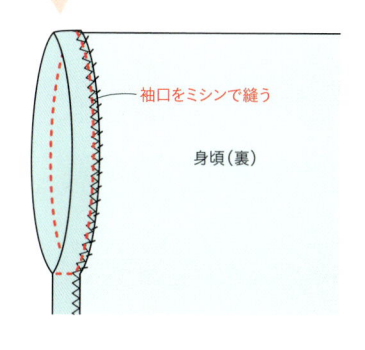

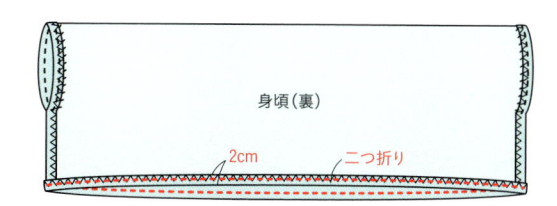

まつり縫い
身頃（裏）
袖口をミシンで縫う
身頃（裏）

わきの縫い代をアイロンで割り、袖口も縫い代と同じ幅だけ折り返してアイロンをかけ、まつり縫いする。さらに袖口を図のようにミシンで縫う。

3

身頃（裏）
2cm　二つ折り

裾は2cm内側に折り、二つ折りの端を縫う。

SEWING MEMO

糸が途中でなくなったら

大きな生地を縫っているときなどに、下糸が急になくなり、縫えなくなることがあります。そんなときは、次のように処理しましょう。

残った上糸を短くカット。

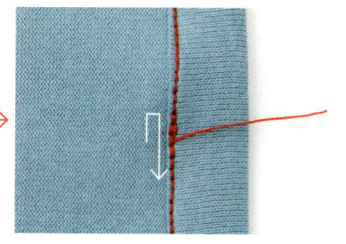

新しい下糸をセットしたら、上糸をカットしたところから2〜3目返し縫いをしてから、続けて縫って。もともと縫った糸と重ねて縫うことで、ほどけてこない。

ARRANGEMENT

アレンジ
SHORT CARDIGAN
ショートカーディガン

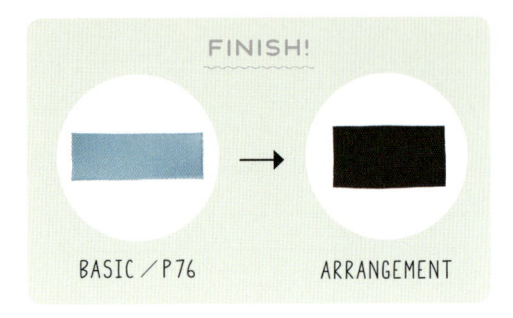

FINISH!

BASIC／P76 → ARRANGEMENT

CUT-OUT CLOTH

SIZE.
- 裄丈　51cm
- 着丈　96cm

カーディガン（P76）のショートバージョン。
布幅を縮めたぶん、裄丈が短くなる

STYLE.3

ダークカラーの薄手生地でドレッシーな印象に。あえてカジュアルに着こなしても

ARRANGEMENT G

SEWING LESSON

ショートカーディガン

● **仕上がりサイズ**
裄丈51cm／着丈96cm

● **材料**
布（ポリエステル）　　110cm幅×1.1m

● **適している布**
テロンとした薄手のポリエステル生地のほか、ニット生地（素材はなんでもOK）でも。ウール生地を使うと上品な雰囲気に。

● **裁ち方と下準備**
〰〰〰　布端にジグザグミシンをかけておく

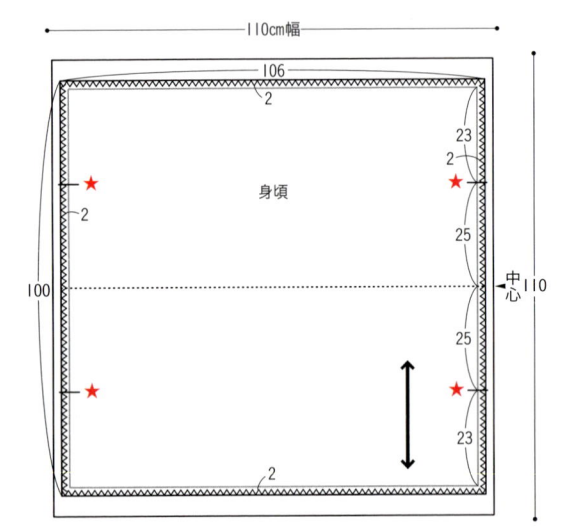

わきを縫う

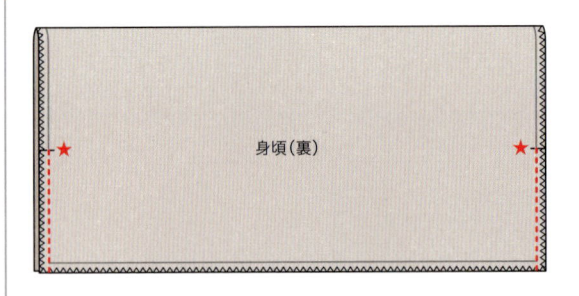

1

カーディガンの作り方 1（P78）と同様に、中表に横半分に折りたたんで、わきを縫う。

SEWING MEMO

化繊生地をきれいに縫うコツ

ここで使用しているポリエステルなどの化学繊維系の薄手生地は、縫うときにすべりやすく、初心者にとっては扱いがむずかしいと感じることも。きれいに縫うためには、薄地用のミシン針を使うことと、縫うスピードを遅くしすぎないことが大切。針をゆっくり進めるほど、針がすべって縫い目が曲がりやすくなるので、できるだけスピードを出して縫い進めましょう。

SHORT CARDIGAN

→ **わきと袖口を始末** → **裾を始末** → 完成！

2

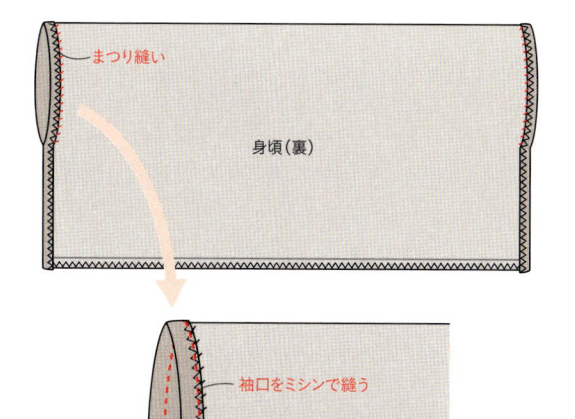

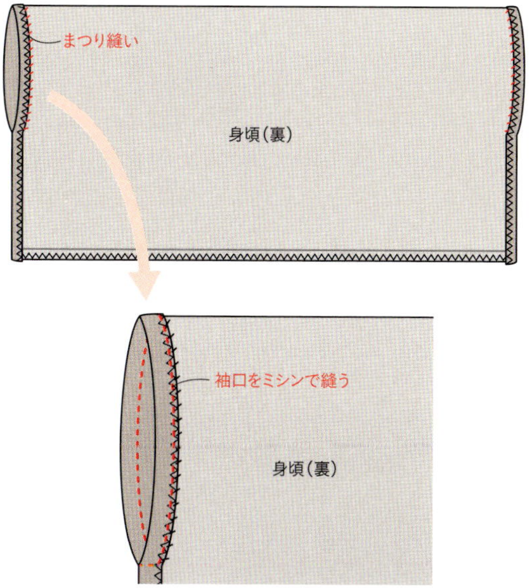

まつり縫い
身頃（裏）
袖口をミシンで縫う
身頃（裏）

カーディガンの作り方2（P79）と同様に、わきと袖口を始末する。

3

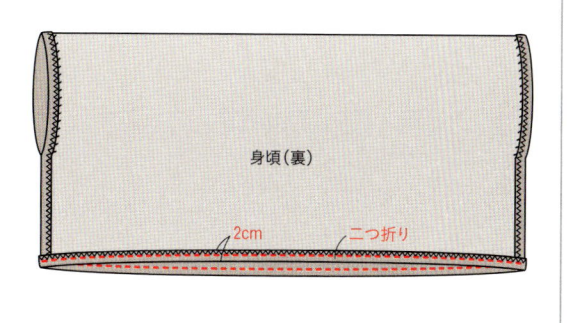

身頃（裏）
2cm　二つ折り

カーディガンの作り方3（P79）と同様に、裾を始末する。

OPTION

飾りをつけてアレンジ

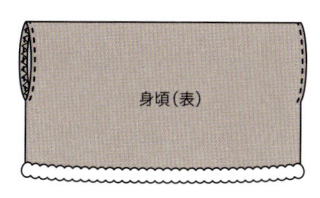

身頃（表）

裾に飾りをつけると、グッと華やかな印象に。レースやブレード飾りなど好みのものを、完成後の裾に表から縫いつけるだけでOK。裾の周囲の長さ204cm以上を用意して。

PATTERN

基本
SHIRRING DRESS

シャーリング
ワンピース

FINISH!

CUT-OUT CLOTH

SIZE.
・身幅　108cm
・着丈　140cm

共布の肩ひも

長方形の布にシャーリングを寄せるだけで、ワンピースの形になる

STYLE.1

大人っぽい柄で都会的な
リゾートスタイルに。肩
ひもは別々に結んでも首
の後ろで一つに結んでも

SEWING LESSON

シャーリングワンピース

● 仕上がりサイズ
身幅108cm（縮めた状態の目安26cm）／着丈140cm

● 材料
布（ソレイアード綿シーチング）	112cm幅×2.8m
ゴムテープ	5mm幅70cm×12本 （バストサイズに合わせて長さ調整）

● 適している布
綿ローン、綿ブロード、綿シーチング、薄手のリネンなど、やわらかめの生地だとシャーリング部分が作りやすい。

● 裁ち方と下準備
・指定以外の縫い代はすべて1cm

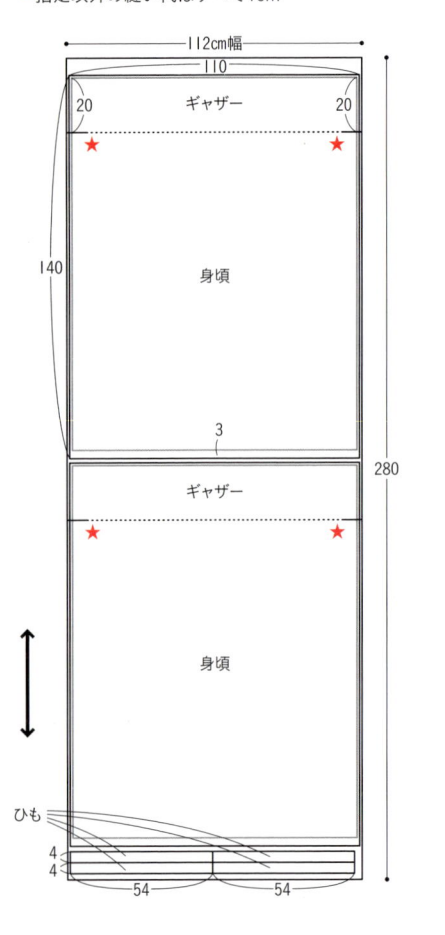

ワンピースを作る

1

身頃を中表に合わせて両わきをミシンで縫い、縫い代は2枚いっしょにジグザグミシンをかける。片側は★印より下だけを縫い、★印より上は縫い代に切り込みを入れてから折り返す。

きれいな平行に縫うには

境目の柄を合わせる

広い場所で布を平らに置き、ゆがまないように折り返す。柄がある場合は、布の境目で柄を合わせる。

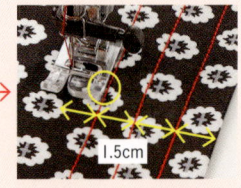

端から順に1.5cm間隔で縫う。右隣の縫い線から針の距離が1.5cmになるように、押さえの目盛りに合わせて縫うときれいな平行に。

SHIRRING DRESS

→ ゴムを通す ──→ 肩ひもをつける → 完成！

2

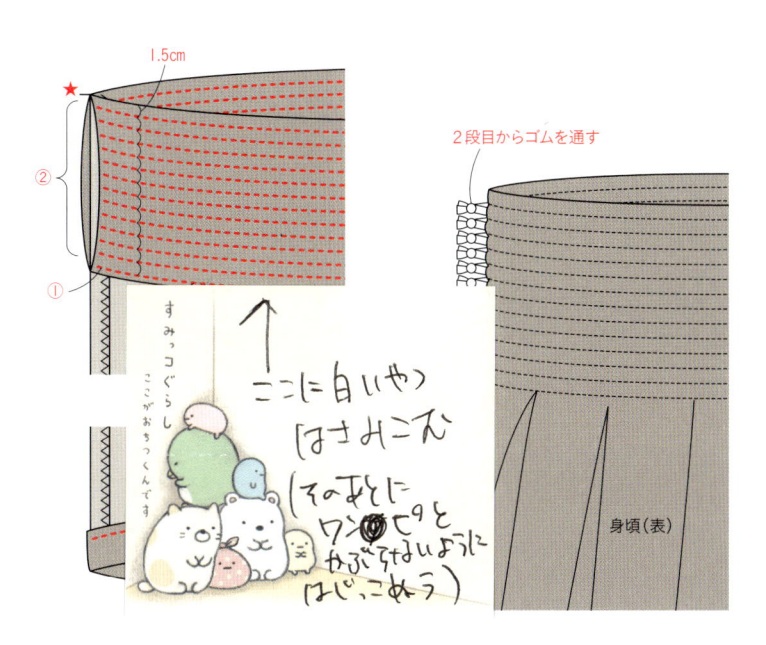

1.5cm

ここに白いやつはさみこむ
(そのあとにワンピでフタかぶせないように はじっこぬう)

すみっコぐらし
ここがおちつくんです

身頃の上端を★のラインで折り返し、端を1cm折り込み、端から0.5cmのラインをぐるりと縫う（①）。さらに、上から1.5cm間隔でぐるりと縫うのを13回続ける（②）。裾は1cm折ってから、さらに2cm折り、三つ折りの端を縫う。

3

2段目からゴムを通す

身頃(表)

ゴムは自分のサイズに合わせて長さを調整し、2段目から13段目まで、合計12本通す。結び目は小さく結んで中に入れる。

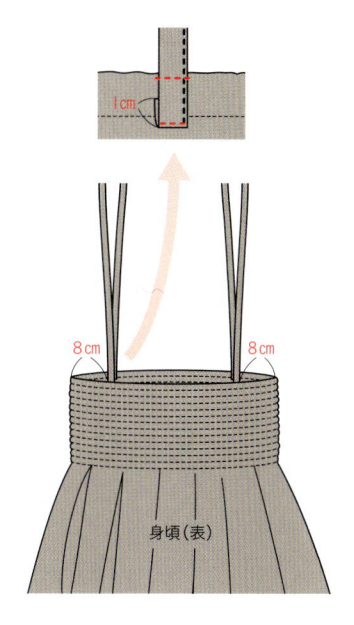

4

1cm

8cm   8cm

身頃(表)

肩ひもは長辺2つを1cmずつ折り、さらに外表にして縦半分に折って、表から端をぐるりと縫う。これを4本作る。端を1cm折り、身頃の裏側から上下2箇所を縫ってつける（まつり縫いでもOK）。

OPTION

ループ返しで作る肩ひも

肩ひもは上記④の作り方のほかに、「ループ返し」という道具を使う方法も。縫い目が表に出ないので仕上がりがきれいです。

ループ返し

❶ 1cm
❷
❸
❹

❶肩ひもを中表にして仕上がりが1cm幅になるように縫い、縫い代を短く切る。
❷ループ返しを下から上に通す。
❸ループ返しの先端にあるフックを❹布端に引っ掛け、閉じる。

ループ返しを上から下に引っ張り、肩ひもを表に返す。

完成

端は折り込んで処理する。

ARRANGEMENT

SHIRRING CAMISOLE

アレンジ

シャーリング
キャミソール

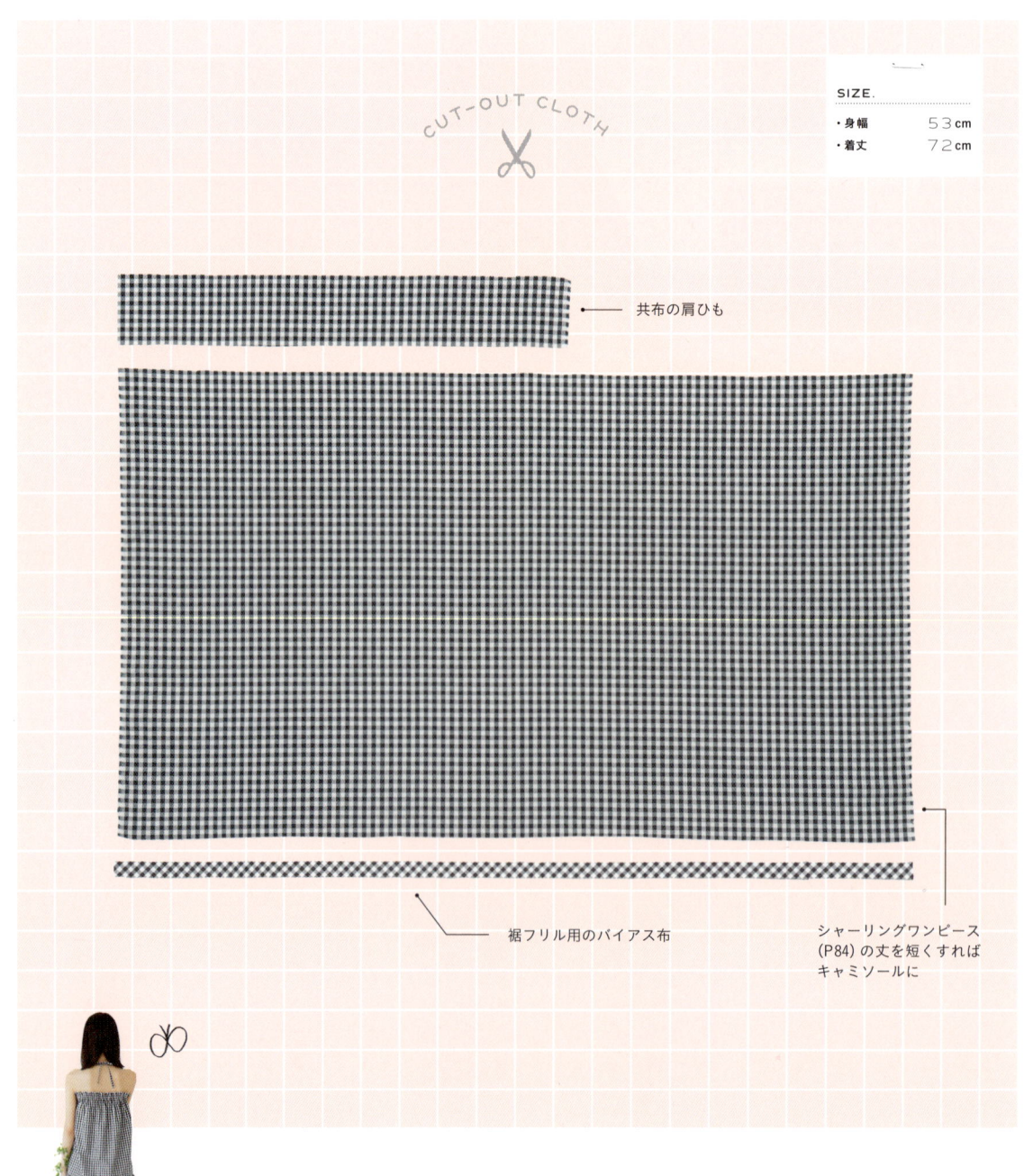

FINISH!

BASIC／P84 → ARRANGEMENT

CUT-OUT CLOTH

SIZE.
- 身幅　53cm
- 着丈　72cm

共布の肩ひも

裾フリル用のバイアス布

シャーリングワンピース（P84）の丈を短くすればキャミソールに

STYLE.2

ホルターネックのキャミ
ソール。丈の長さは好みで
調整して。共布の裾フリル
でほんのり甘く

ARRANGEMENT

SEWING LESSON
シャーリングキャミソール

● **仕上がりサイズ**
身幅53cm（縮めた状態の目安26cm）／着丈72cm

● **材料**
布（綿ブロード） 112cm幅×1.5m
ゴムテープ 5mm幅70cm×5本
（バストサイズに合わせて長さ調整）

● **適している布**
綿ローン、綿ブロード、綿シーチング、薄手のリネンなどがおすすめ。やわらかいダブルガーゼも合う。

● **裁ち方と下準備**
・指定以外の縫い代はすべて1cm

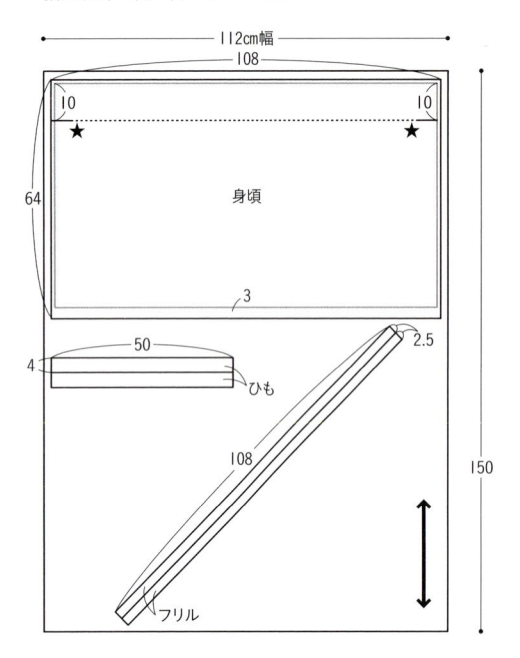

ワンピースを作る
1

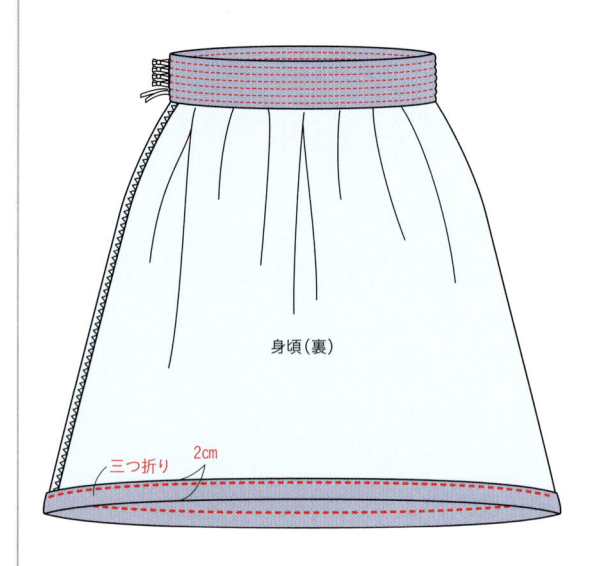

見頃は中表に縦半分に折りたたみ、片方のわきを縫う。「シャーリングワンピース」の作り方 1～3（P86～87）と同様にワンピース本体を作り、ゴムを5本通す。

フリルの作り方とつけ方

中心のラインに4～5mmの粗ミシンをかける。

端の糸を引っ張り、フリルを寄せる。

SHIRRING CAMISOLE

→ フリルをつける → 完成！

2

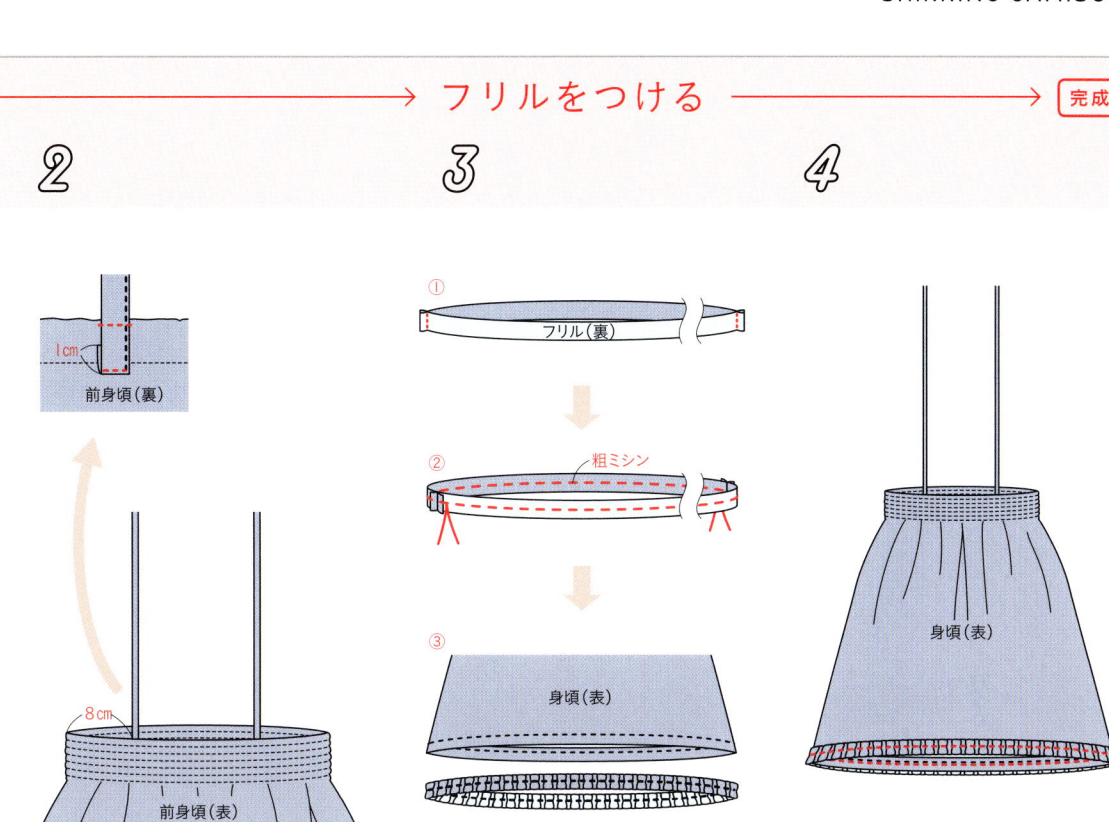

1cm
前身頃(裏)

8cm
前身頃(表)

ひもは長辺2つを1cmずつ折り、さらに縦半分に折って、表から端をぐるりと縫う。これを2本作る。端を1cm折り、身頃の裏側から上下2箇所をミシンでとめつける（まつり縫いでもOK）。

3

① フリル(裏)

② 粗ミシン

③ 身頃(表)

フリルは中表に合わせて両端を縫い、輪にする（①）。中心線に粗いミシンをかけ（②）、裾と同じ幅に縮める（③）。

4

身頃(表)

フリルを裾にかぶせて、上から中央のラインを縫う。

フリルを裾にかぶせて、中央をミシンで縫いとめる。

OPTION

フリルのつけ方とアレンジ

同じフリルをもう1本作り、二重に重ねても。ボリュームが出てかわいい。

フリルを少し高めの位置につけると、目線が高い位置にいきスッキリした印象に。

PATTERN

基本
TWO-LAYER GATHERED SKIRT
2段ギャザースカート

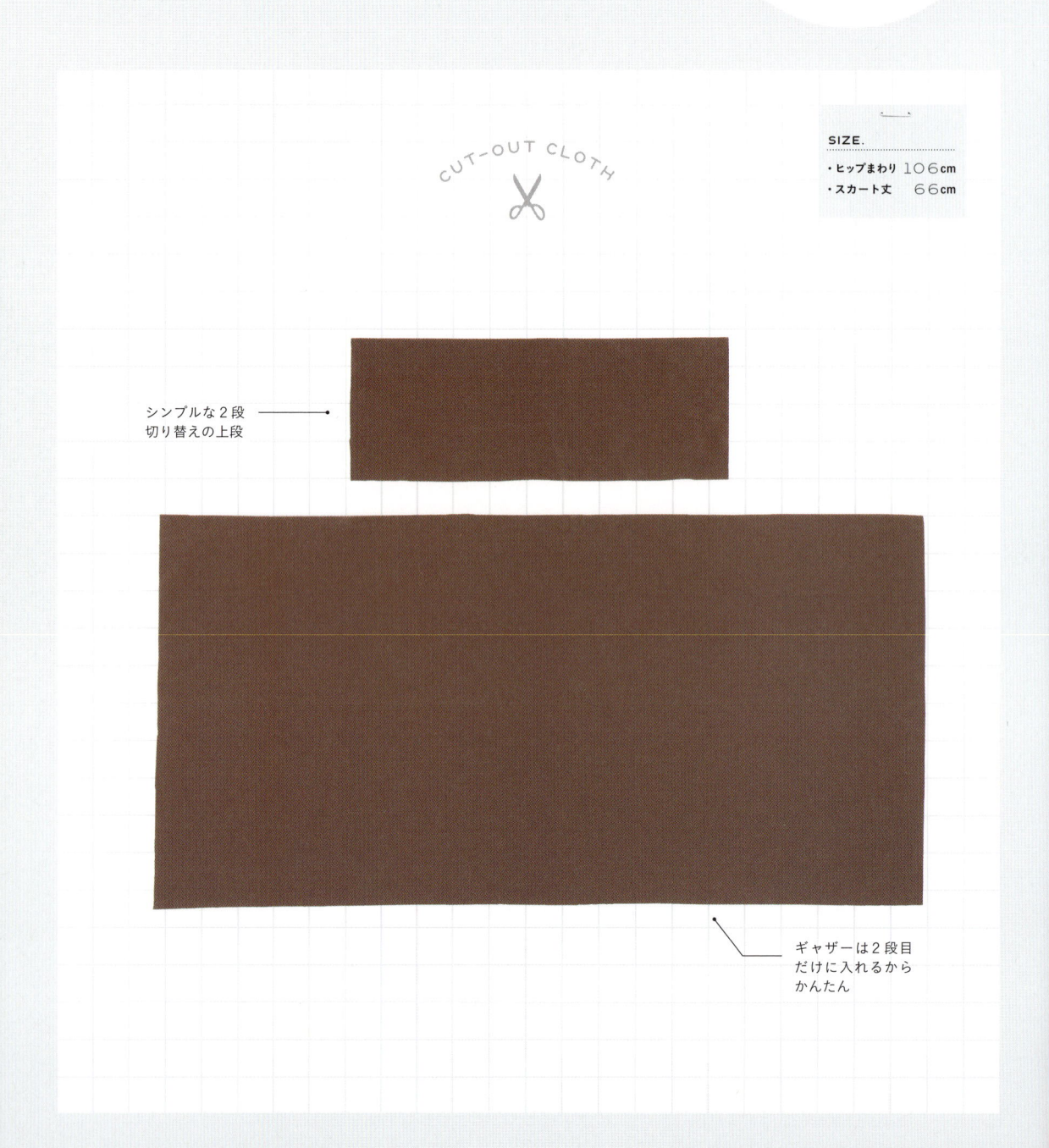

FINISH!

CUT-OUT CLOTH

SIZE.
- ヒップまわり 106cm
- スカート丈 66cm

シンプルな2段切り替えの上段

ギャザーは2段目だけに入れるからかんたん

STYLE.1

張りのあるタフタ生地で作るスカート。2段目にギャザーをたくさん入れて、ボリューム感たっぷり。

2段ギャザースカート

● 仕上がりサイズ
ヒップまわり106cm／スカート丈66cm

● 材料
布（ポリエステルタフタ）　　　120cm幅×1.6m
ゴムテープ　　　　　　　　　　5mm幅80cm×2本
　　　　　　（ウエストサイズに合わせて長さ調整）

● 適している布
ポリエステルタフタのほか、シルクタフタ、デニムなどの張りのある生地を使うと、ボリューム感が出てかわいい。

● 裁ち方と下準備
・指定以外の縫い代はすべて1cm

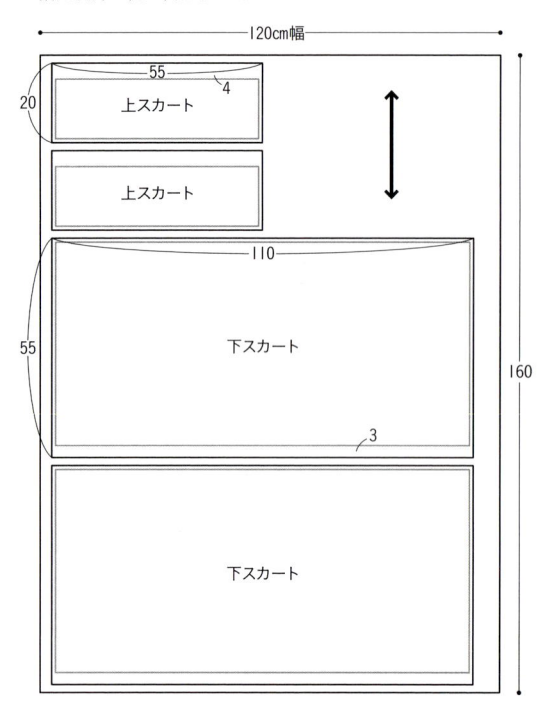

120cm幅
55　4
20
上スカート

上スカート

110
55
下スカート
3
160

下スカート

ギャザーを寄せる

1

上スカート（裏）

粗ミシンをかけ、
上スカートの幅に合わせて
ギャザーを寄せる　　10cm

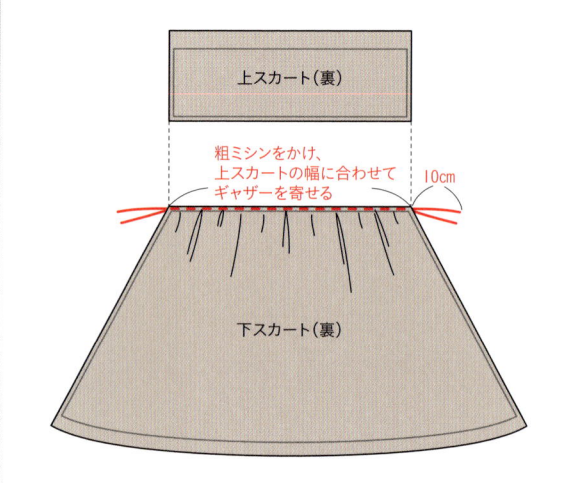

下スカート（裏）

下スカートの上端から0.5cmのところに、粗いミシン（4〜5mm／1針）をかけてから、上スカートの幅に合わせてギャザーを寄せる（ギャザーの寄せ方→P36）。

TWO-LARER GATERED SKIRT

→ スカートを合体 → わきを縫う → ウエストと裾を始末 → 完成！

2

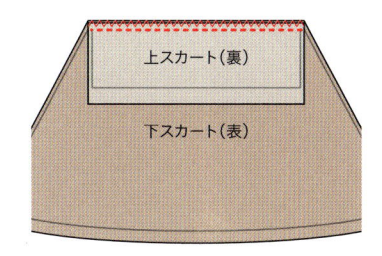

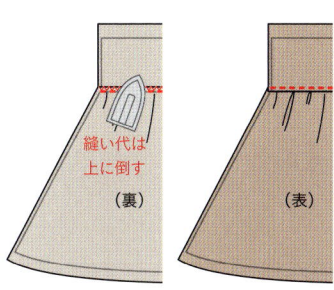

上スカートと下スカートを中表にして縫う。縫い代は2枚いっしょにジグザグミシンをかけて上に倒す。つなぎ目より0.5cm上のラインに、表側からミシンをかける。もう1組も同様に作る。

3

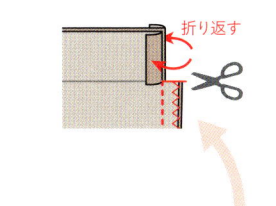

スカートを中表にして、わきを縫う。片側は上から4cmを縫い残し、縫い代に切り込みを入れてから図のように折り返す。

4

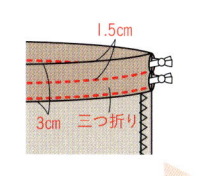

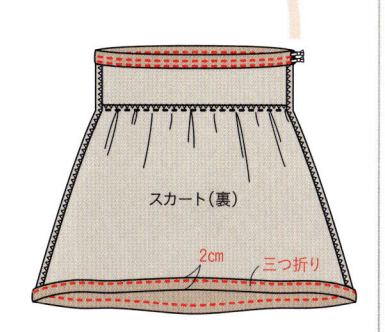

ウエストは1cm折ってから、さらに3cm折り、三つ折りの端を縫う。さらに上端から1.5cmのラインを縫い、ゴムを2本通す。裾は1cm折ってから、さらに2cm折り、三つ折りの端を縫う。

厚手ギャザーを縫い合わせるコツ

タフタなど厚手生地は、厚みがあるぶん、ギャザーを寄せた生地を縫い合わせる際の下準備が大切。ひと手間かけて、きれいな仕上がりを目指して。

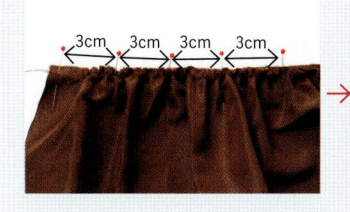

まち針は3cm間隔くらいに細かく打つ。このとき縫い代が折れ重なったり、まち針とまち針の間の布がたるんだりしないように注意。

まち針だけでは安定しない場合は、しつけ縫いをするのがおすすめ。縫い代のきわを、大きめの目で縫って仮止めしてから、ミシンをかけて。

NG まち針の間隔が離れていたり、2枚の布がぴったり合っていないと、ミシンで縫うときにずれやすく、仕上がりが美しくない。

ARRANGEMENT

アレンジ

TIERED SKIRT
ティアードスカート

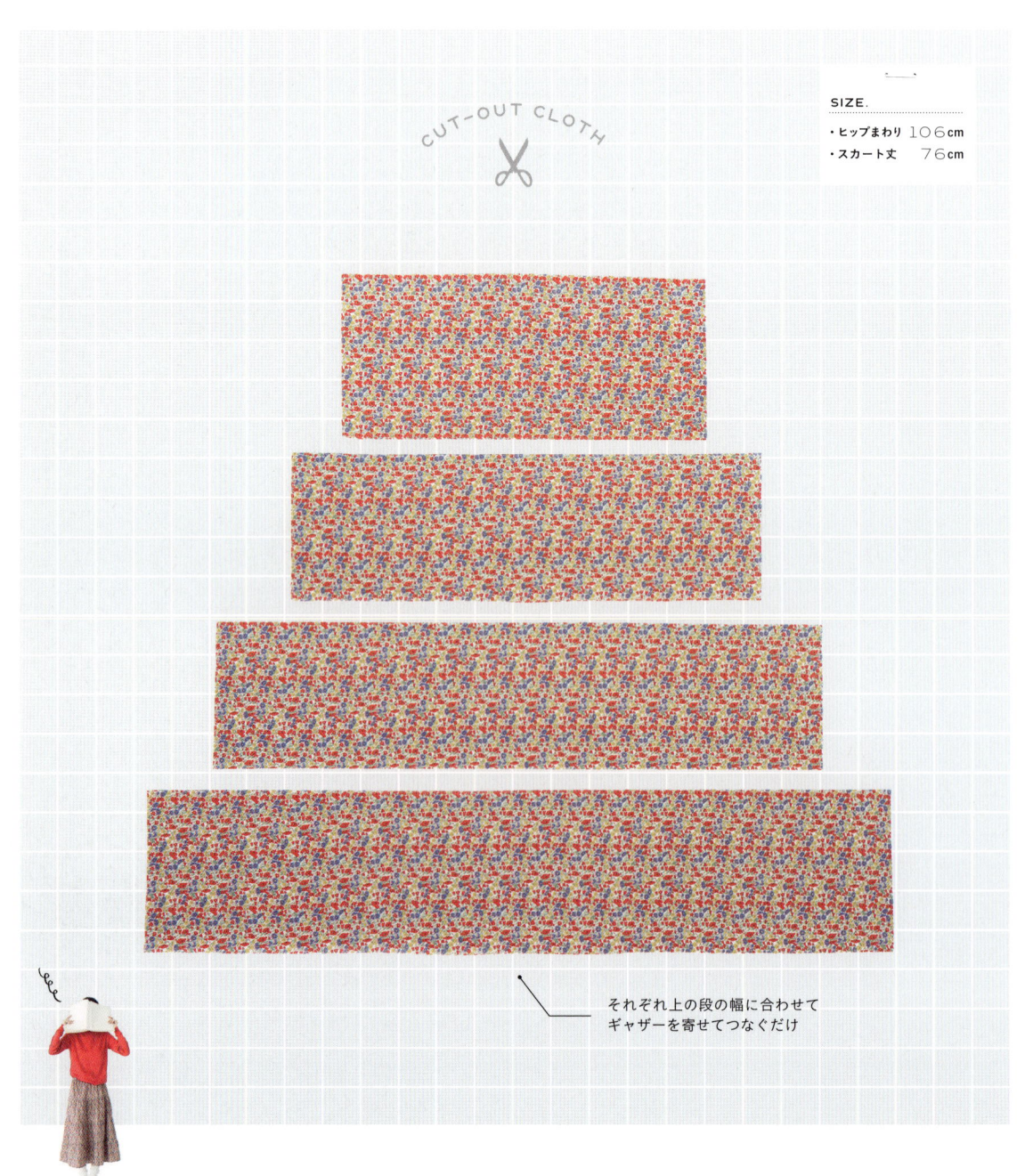

FINISH!

BASIC／P92 → ARRANGEMENT

CUT-OUT CLOTH

SIZE.
- ヒップまわり 106cm
- スカート丈 76cm

それぞれ上の段の幅に合わせて
ギャザーを寄せてつなぐだけ

STYLE.2

4段切り替えのティアード
スカート。ふんわりしすぎ
ないギャザー量でほどよく
ガーリー

SEWING LESSON

ティアードスカート

● 仕上がりサイズ

ヒップまわり106cm／スカート丈76cm

● 材料

布（リバティプリント綿ローン）　　112cm幅×2m
ゴムテープ　　　　　　　　　　　　5mm幅80cm×2本
　　　　　　　　（ウエストサイズに合わせて長さ調整）

● 適している布

薄手の綿ローンや綿シーチングがおすすめ。リネン生地でナチュラルなボリューム感を出しても。

● 裁ち方と下準備

・指定以外の縫い代はすべて1cm

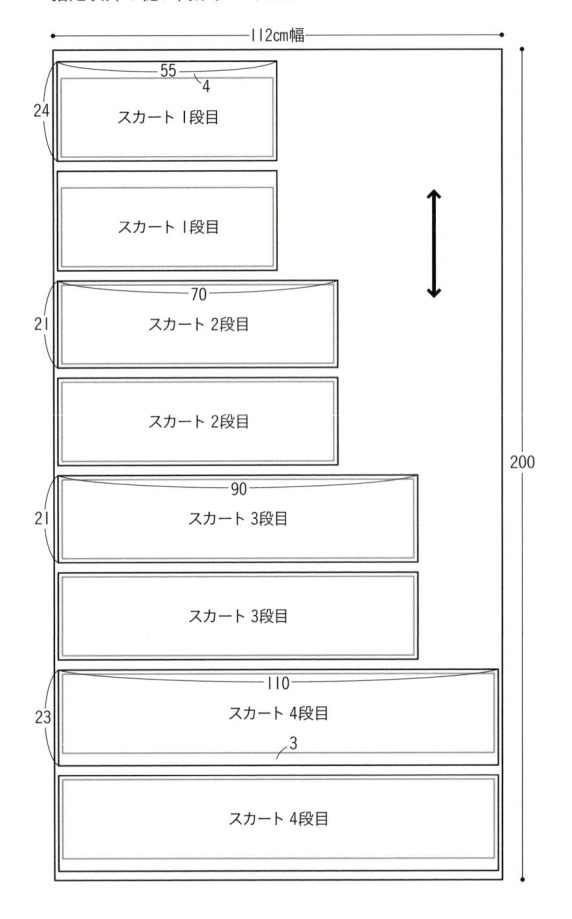

ギャザーを寄せる

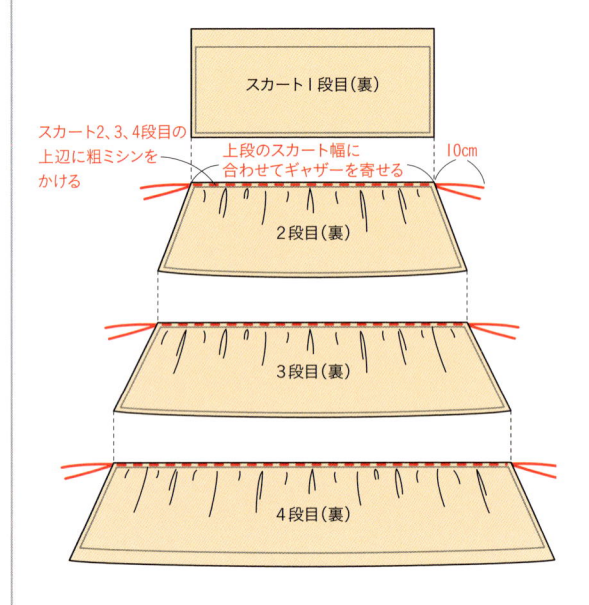

1

スカート2〜4段目の上端から0.5cmのところに、粗いミシン（4〜5mm／1針）をかけてから、それぞれ上の段のスカートの幅に合わせてギャザーを寄せる（ギャザーの寄せ方→P36）。

TIERED SKIRT

→ スカートを合体 → わきを縫う → ウエストと裾を始末 → 完成！

2

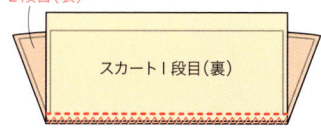

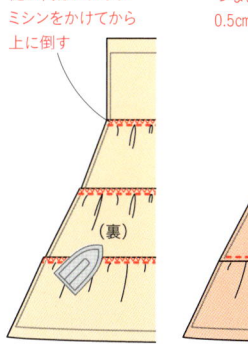

2段目(表)
スカート1段目(裏)

縫い代はジグザグミシンをかけてから上に倒す
つなぎ目から0.5cmをミシン

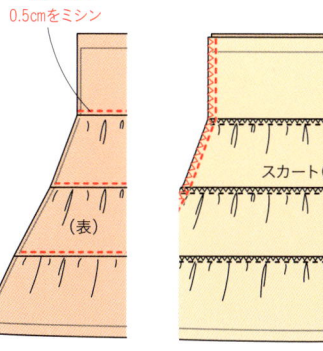

(裏)　(表)

スカート1段目と2段目を中表に合わせて縫う。2段目と3段目、3段目と4段目も同様に縫い合わせ、縫い代は2枚いっしょにジグザグミシンをかけて上に倒す。表側から見て、各段のつなぎ目より0.5cm上のラインを縫う。もう1組も同様に作る。

3

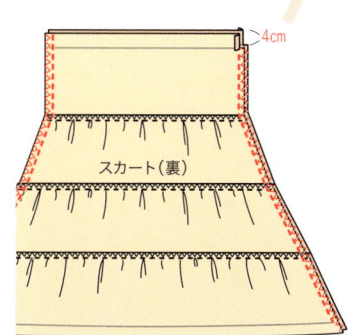

折り返す

4cm

スカート(裏)

スカートを中表にして、わきを縫う。片側は上から4cmを縫い残し、縫い代に切り込みを入れてから図のように開く。

4

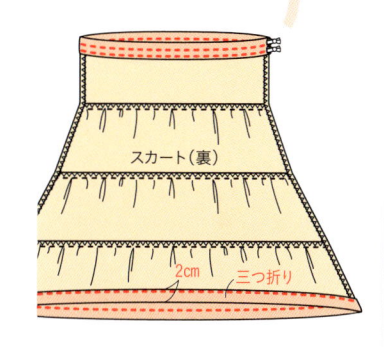

1.5cm
3cm　三つ折り

スカート(裏)

2cm　三つ折り

ウエストは1cm折ってから、さらに3cm折り、三つ折りの端を縫う。さらに上端から1.5cmのラインを縫い、ゴムを2本通す。裾は1cm折ってから、さらに2cm折り、三つ折りの端を縫う。

ギャザーを縫い合わせるコツ

縫い合わせるときにずれやすいので、上下2段のスカートを中表に合わせたら、まち針をできるだけ細かくとめて。縫うときは、ギャザーを伸ばさないように、手は軽く添えるだけに。

NG 布が重なった部分を、押さえで踏んでしまわないように注意。布が重なっていないかチェックしながら縫って。

NG 途中でギャザーが開くと、2枚の布がずれて縫い落としてしまいやすい。まち針を細かくとめることで、この失敗は防げる。

PATTERN

基本
SIMPLE PANTS
シンプルパンツ

FINISH!

CUT-OUT CLOTH

SIZE.
- ヒップまわり 108cm
- 着丈 92cm

落ち感のあるウール生地。
ヒップの部分は斜めに裁断

100

STYLE.1

直線だけのパターンでシンプルなパンツライン。ウエストゴムだから、らくちんなはき心地

SEWING LESSON

シンプルパンツ

● **仕上がりサイズ**

ヒップまわり108cm／着丈92cm

● **材料**

布（綿ニット）　　　　　150cm幅×1.1m
ゴムテープ　　　　　　　2cm幅70cm
　　　　　（ウエストサイズに合わせて長さ調整）

● **適している布**

落ち感のある薄手のニット生地（綿またはウール）やリネン、デニムを使うと、ラインがきれいに出るのでおすすめる。

● **裁ち方と下準備**

・指定以外の縫い代はすべて1cm

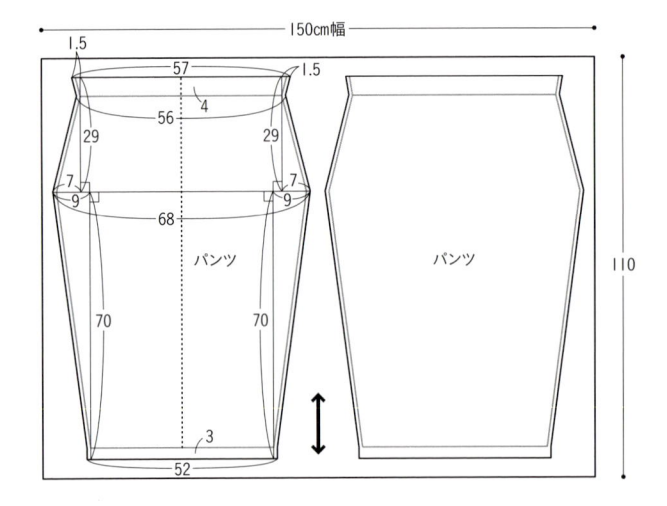

片足ずつ作る

1

1枚を中表に合わせて縦半分に折りたたみ、股下をミシンで縫う。縫い代は2枚いっしょにジグザグミシン。もう1枚も同様に作る。

SIMPLE PANTS

→ 両足を合体 ────────────── → ウエストと裾を始末 → 完成！

2

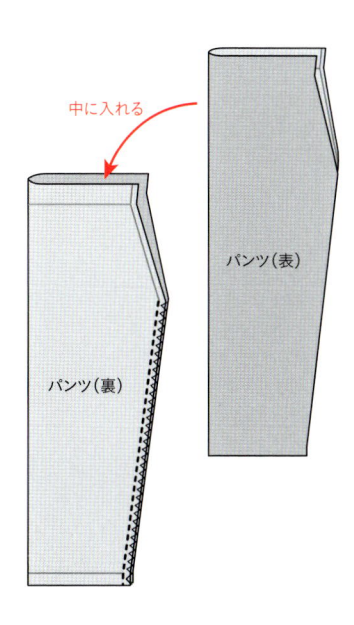

片方を表に返して、もう一方の中表に合わせたパンツの中に入れる。

3

股上を縫い、片側のみ上から4cm分を縫い残す。縫い代は2枚いっしょにジグザグミシン。縫い残した縫い代の下端に切り込みを入れ、図のように折り返す。

4

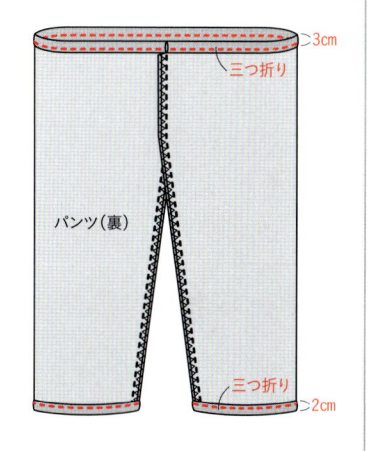

ウエストは1cm折ってから、さらに3cm折り、三つ折りの端を縫う。ゴム通し口から平ゴムを通す。裾は1cm折ってから、さらに2cm折り、三つ折りの端を縫う。

平ゴムのとめ方

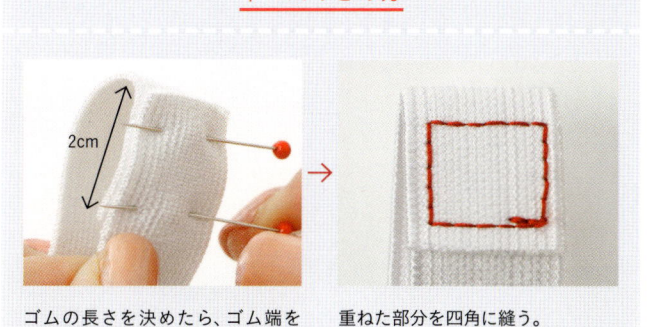

ゴムの長さを決めたら、ゴム端を2cm重ねてまち針2本でとめる。

重ねた部分を四角に縫う。

OPTION

裾にゴムを入れてアレンジ

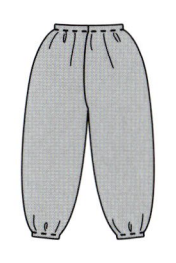

裾にゴムを入れてギャザーを寄せると、裾絞りのかわいいシルエットに。裾の三つ折りを縫う際に1cm縫い残し、そこからゴムテープを通して。通し口をまつり縫いでとめれば完成です。

103

ARRANGEMENT

アレンジ

WIDE PANTS

ワイドパンツ

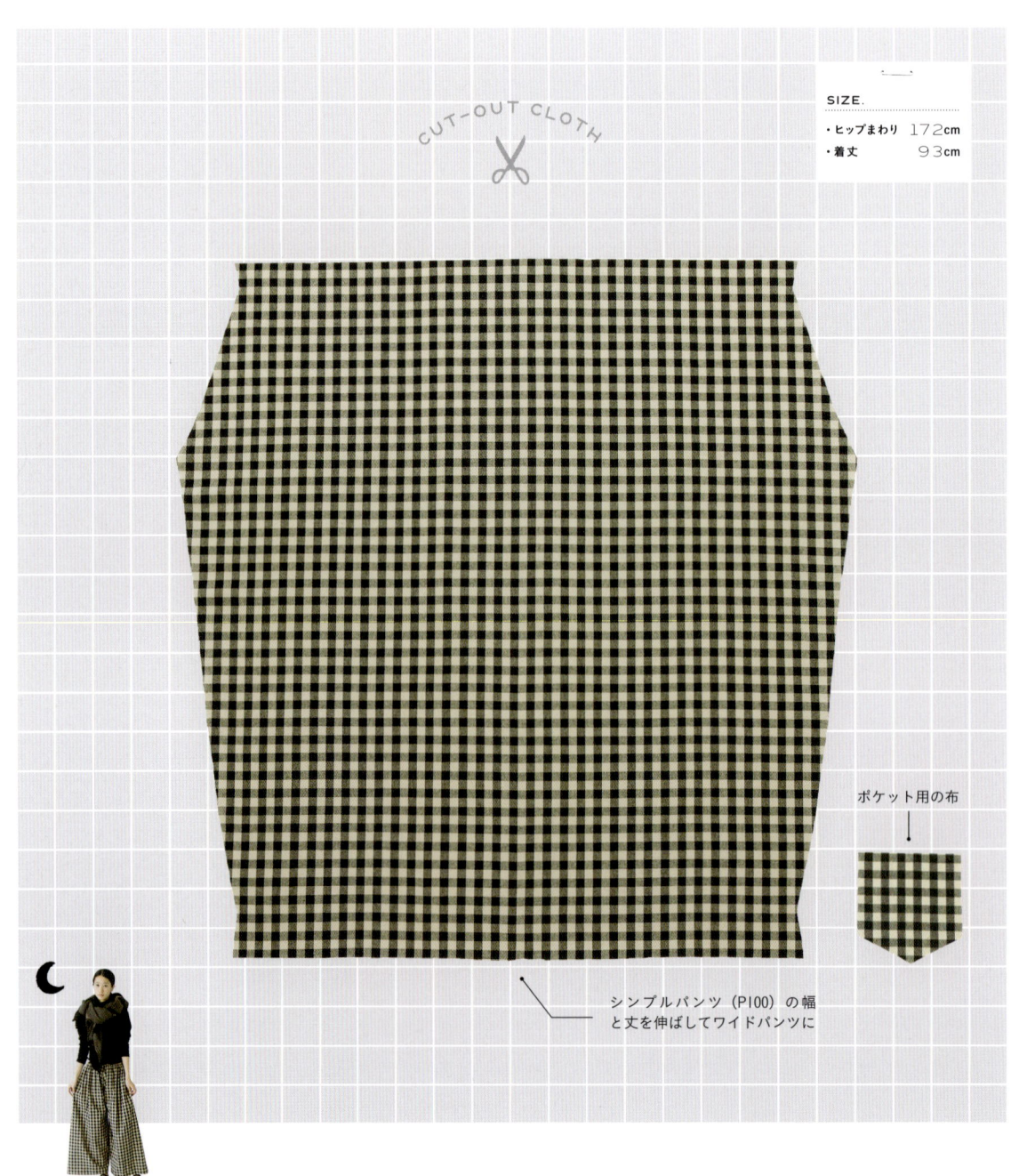

FINISH!

BASIC／P100 → ARRANGEMENT

CUT-OUT CLOTH

SIZE.
- ヒップまわり 172cm
- 着丈 93cm

ポケット用の布

シンプルパンツ（P100）の幅と丈を伸ばしてワイドパンツに

STYLE.2

ゆったりワイドなシルエットが大人カッコいい。着ると自然な裾広がりになり脚長効果も

ARRANGEMENT

SEWING LESSON
ワイドパンツ

● 仕上がりサイズ
ヒップまわり172cm／着丈93cm

● 材料
布（綿キャンバス）　　　　　110cm幅×2.4m
ゴムテープ　　　　　　　　　　2cm幅70cm
　　　　　　（ウエストサイズに合わせて適宜調整）

● 適している布
ワイド感を出すには、リネンやキャンバス、デニムなどを。各種ニット生地を使うとドレープが出てまた違う表情に。

● 裁ち方と下準備
・指定以外の縫い代はすべて1cm

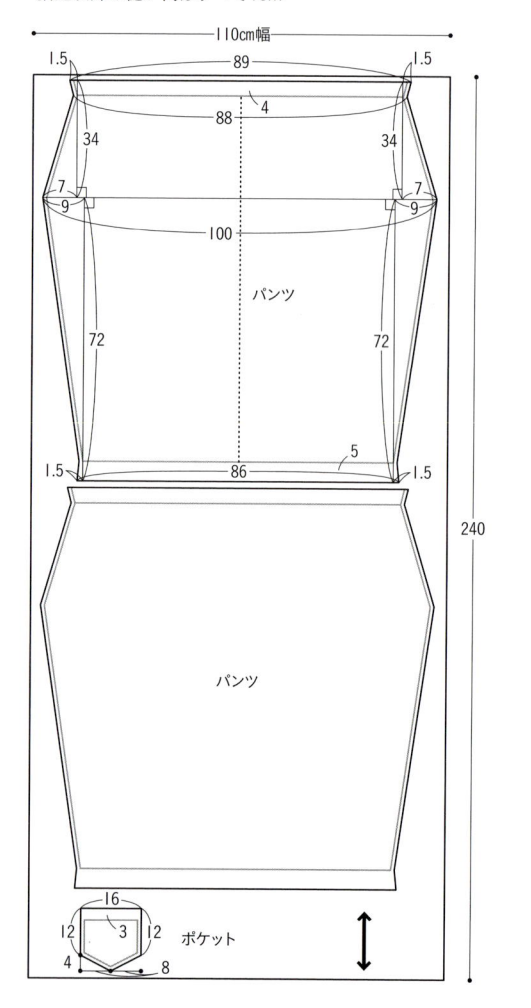

ポケットをつける
1

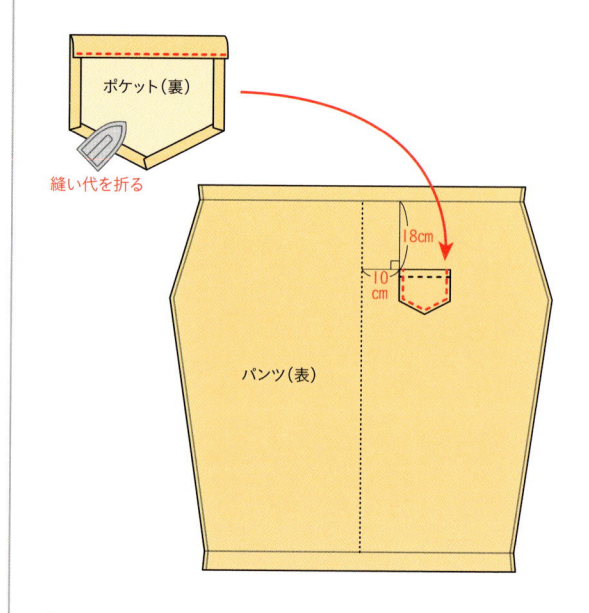

ポケットは縫い代をアイロンで内側に折っておく。ポケット口を1cm折って、さらに2cm折り、三つ折りの端を縫う。パンツのポケットつけ位置につける。

WIDE PANTS

→ パンツ本体を作る → ウエストと裾を始末 → 完成！

2

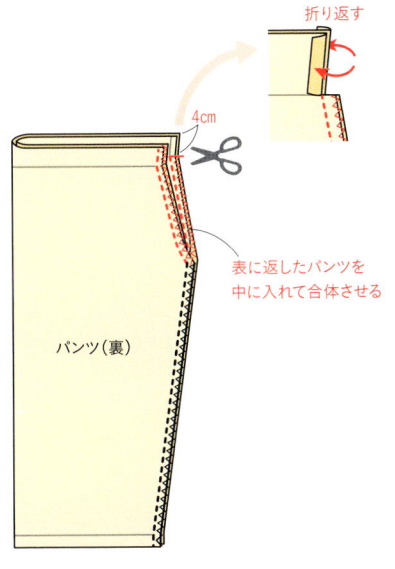

折り返す

4cm

パンツ(裏)

表に返したパンツを中に入れて合体させる

「シンプルパンツ」の作り方1〜3（P102〜103）と同様に、パンツ本体を完成させる。

3

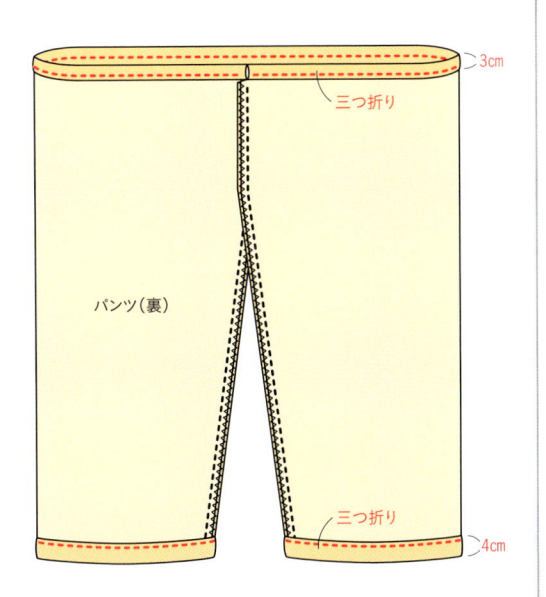

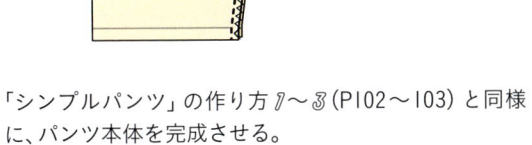

3cm
三つ折り

パンツ(裏)

三つ折り
4cm

ウエストは1cm折ってから、さらに3cm折り、三つ折りの端を縫う。ゴム通し口から平ゴムを通す（ゴムのとめ方→P103）。裾は1cm折ってから、さらに2cm折り、三つ折りの端を縫う。

ポケットのつけ方

ポケット上端は1cm折ってから、さらに2cm折って三つ折りに。それ以外は縫い代1cmをアイロンで折る。

三つ折りの下端を縫う。

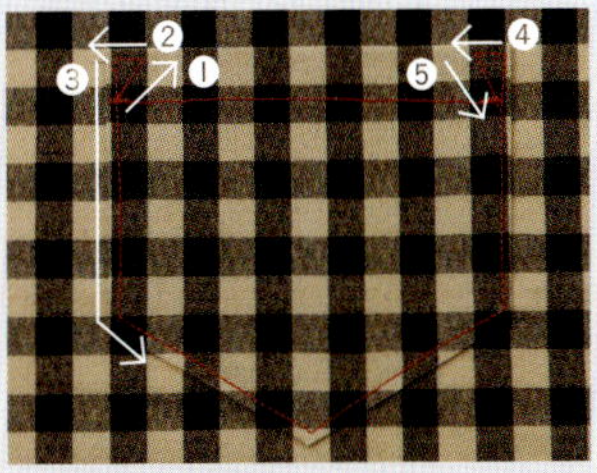

ポケットつけ位置に、上の①〜⑤の順序で縫いつける。

PATTERN

APRON DRESS
エプロンワンピース

FINISH!

CUT-OUT CLOTH

SIZE.
- 身幅　76cm
- 着丈　106cm

ベースはスクエアブラウス(P38)と同型で、作り方も基本的に同じ

本体にはさみこむオーバースカート

オーバースカートにつく共布リボン

STYLE.1

オーバースカートは前後どちらにもってきてもOK。リネン生地でナチュラルな雰囲気

SEWING LESSON

エプロンワンピース

● 仕上がりサイズ
身幅76cm／着丈106cm

● 材料
布（リネン）　　140cm幅×2.5m

● 適している布
着方によってエプロン部分の裏が見えるので、リネン生地などで、表裏の差がない生地を選んで。

● 裁ち方と下準備
- 指定以外の縫い代はすべて1cm
- ～～～～ 布端にジグザグミシンをかけておく

※衿ぐりはカバー袖（奥付の対向ページ）にある、縫い代込みのカーブ正規を使用。カーブの両端を、衿ぐりの端と中心に合わせ、印をつける（カーブの印つけ→P7）。

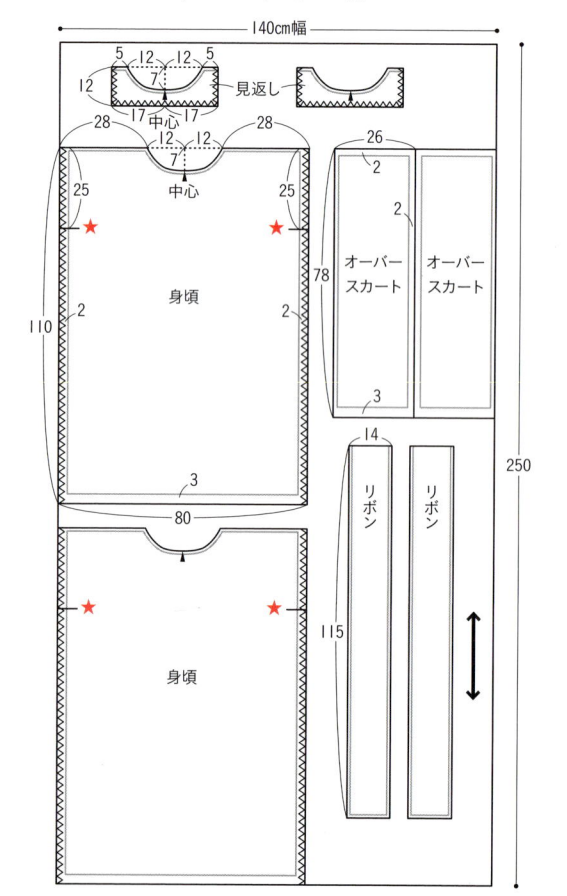

見返しをつける → リボンを作る

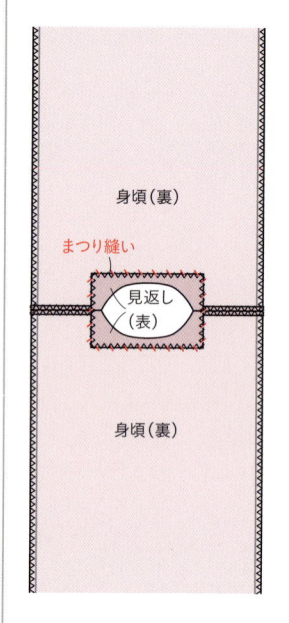

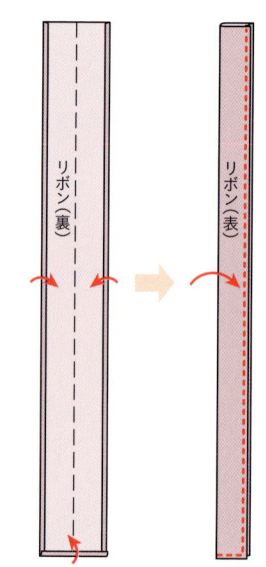

1
「スクエアブラウス」の作り方 1～4（P40～41）と同様に、衿ぐりに見返しをつける。

2
リボンは4辺を1cm折り込んでから、外表にして縦半分に折り、表から端を縫う。

APRON DRESS

→ オーバースカートを作る → わきを縫う → 袖口と裾を始末 → 完成！

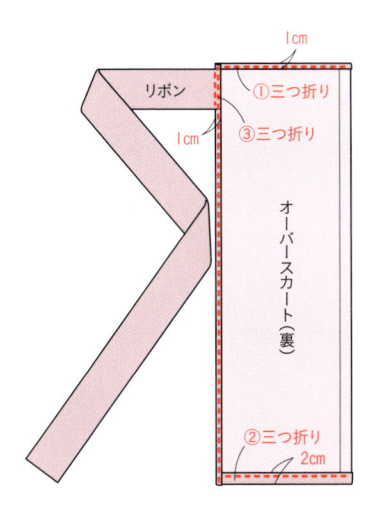

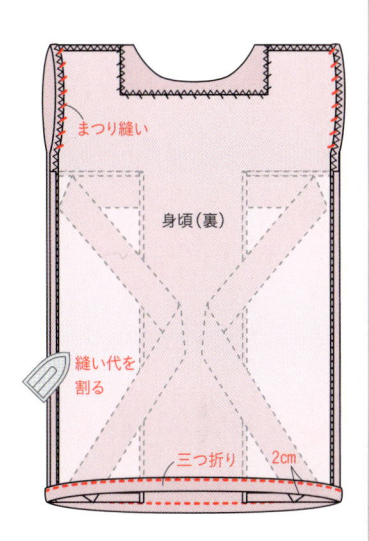

3

リボン
1cm
①三つ折り
1cm
③三つ折り
オーバースカート（裏）
②三つ折り
2cm

オーバースカートは上端を1cm折ってからさらに1cm折り、三つ折りの端を縫う（①）。裾は1cm折ってからさらに2cm折り、三つ折りの端を縫う（②）。わきは1cm折ってリボンを上部にはさんでから1cm折り、三つ折りの端をリボンといっしょに縫う（③）。

4

5cm
身頃（裏）

オーバースカートの上端を★の下5cmに合わせ、中表にした身頃の間にはさむ。両わき共に、3枚いっしょに★より下を縫う。

5

まつり縫い
身頃（裏）
縫い代を割る
三つ折り
2cm

わきの縫い代は割る。その延長で、袖口も縫い代と同じ幅だけ折り返してまつり縫いする。裾は1cm折ってから、さらに2cm折り、三つ折りの端を縫う。

SEWING MEMO

麻生地の地直し

生地のゆがみがとくに出やすい麻生地は、裁断前にできるだけまっすぐに整えておくと仕上がりがきれいです。

生地目が斜めになり、ゆがんでいる状態。このまま裁断すると、でき上がりもゆがんだり、不要なシワが寄ったりしてしまう。

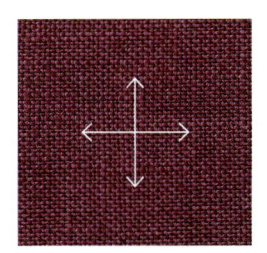

水通し（→P6）後、生地目の縦と横が垂直になるように手で形を整える。ゆがみが少なければ、スチームアイロンで整えてもOK。

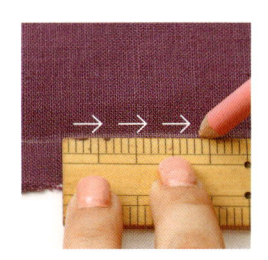

印付けをするときも、一気に力強く線を引くと布がゆがむ原因に。短い線をつなげるようにして引くのがコツ。

PATTERN

DRAPE MINI SKIRT
ドレープミニスカート

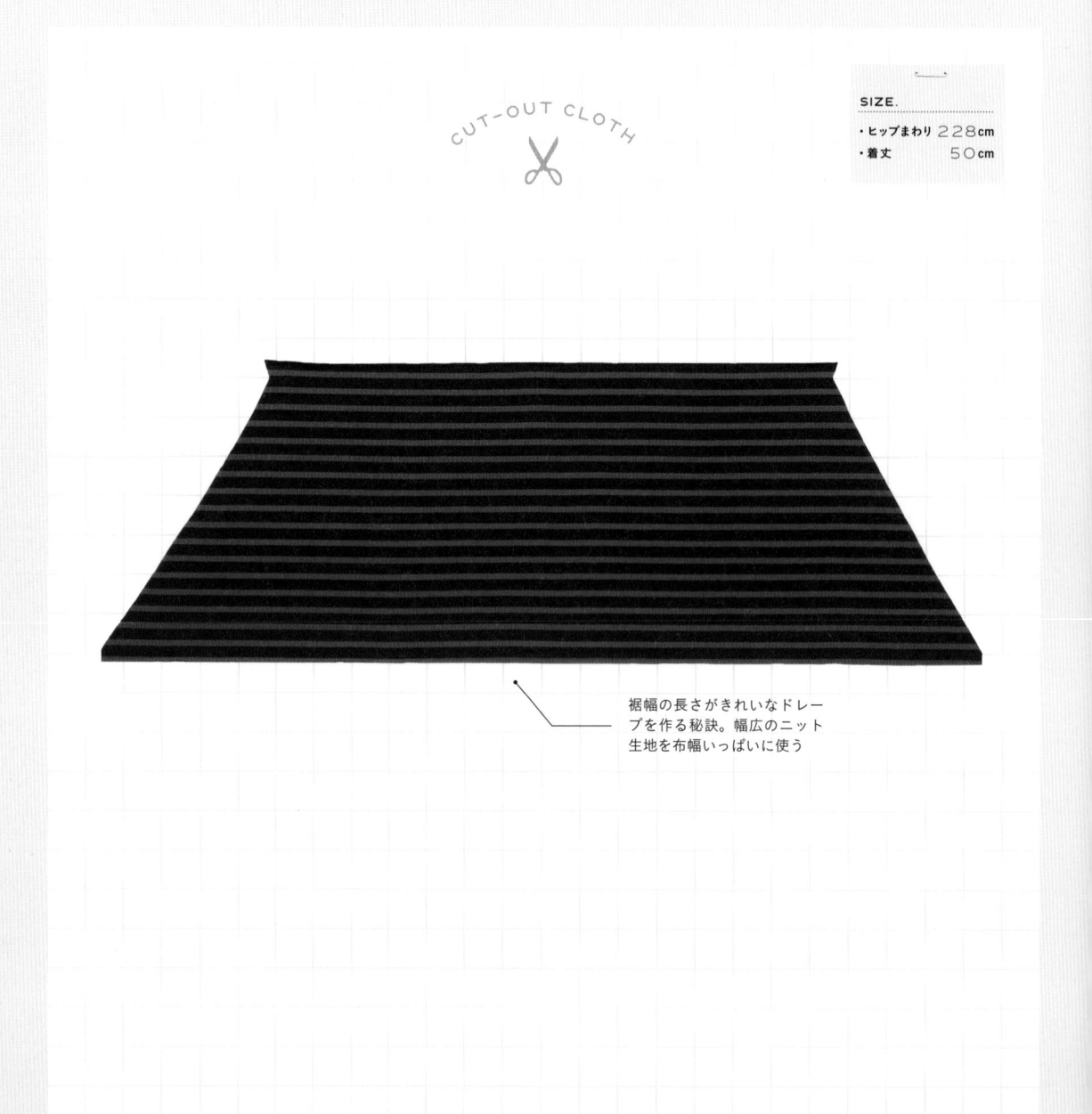

FINISH!

CUT-OUT CLOTH

SIZE.
・ヒップまわり **228cm**
・着丈 **50cm**

裾幅の長さがきれいなドレープを作る秘訣。幅広のニット生地を布幅いっぱいに使う

STYLE.1

着るとサイドの布が自然に落ちてドレープに。横から見ると裾が三角のシルエットに

SEWING LESSON

ドレープミニスカート

● **仕上がりサイズ**

ヒップまわり228cm／着丈50cm

● **材料**

布（綿ニット） 160cm幅×1.2m
ゴムテープ 5mm幅80cm
（ウエストサイズに合わせて長さ調整）

● **適している布**

綿ローンや薄手のニット地、薄手のリネン、ダブルガーゼなど、ギャザーが寄りやすい薄手生地が向く。

● **裁ち方と下準備**

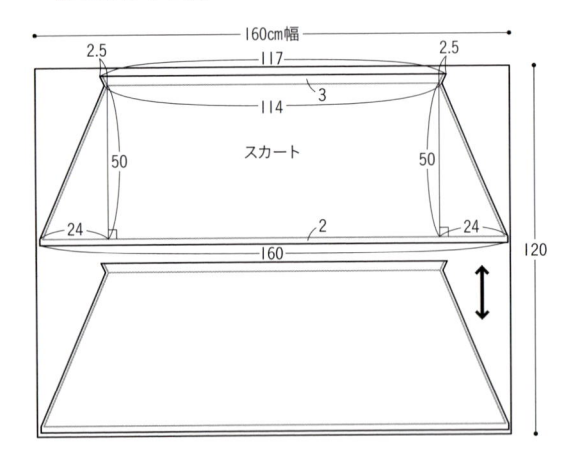

わきを縫う

1

スカートを中表に合わせ、わきの片側は上から下まで、もう一方は上3cmを残してその下を縫う。縫い代は2枚いっしょにジグザグミシンをかける。

→ ウエストを始末

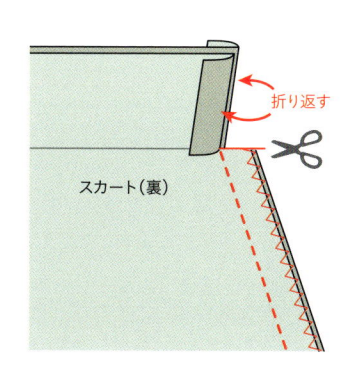

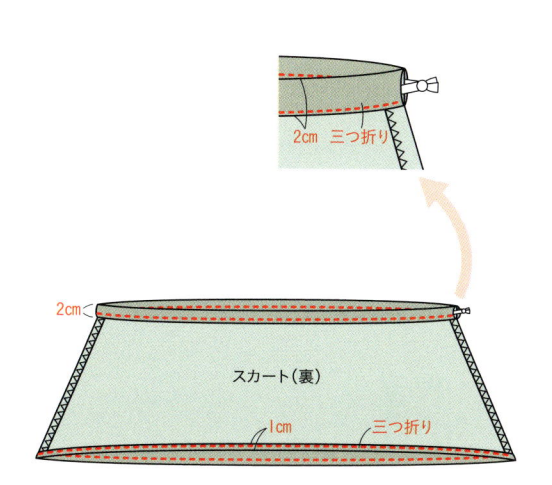

2

*1*で縫い残した部分の縫い代に切り込みを入れ、切り込みの上をそれぞれ図のように折り返す。

3

ウエストは1cm折ってから、さらに2cm折り、三つ折りの端を縫う。裾は1cm折ってから、さらに1cm折り、三つ折りの端を縫う。ウエストのゴム通し口からゴムを通して完成。

完成！

裾のもたつきを調整

このスカートのような裾広がりのパターンの場合、裾の三つ折りを縫う際に、布が余ってしまうことも。余った部分は、右のように調整しましょう。

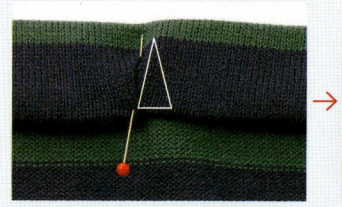

裾を三つ折りにしていく過程で余った部分は、折り重ねてまち針でとめておく。

→ そのまま端にミシンをかければ、調整完了。表から見たときも、もたつきが目立たない。

PATTERN

GATHERED BLOUSE

ギャザーブラウス

FINISH!

CUT-OUT CLOTH

SIZE.
- 身幅　65cm
- 着丈　56cm

袖と身頃を合わせて、衿ぐりにゴムを入れるだけでギャザーが寄る

STYLE.1

たっぷりギャザー入りの
ブラウス。さらりと着て
形が決まるから、柄違い
でいくつも作りたくなる

SEWING LESSON
ギャザーブラウス

● **仕上がりサイズ**
身幅65cm／着丈56cm

● **材料**
布（リバティプリント綿ローン）　112cm幅×2.1m
ゴムテープ　5mm幅25cm×2本
（衿ぐりサイズに合わせて適宜調整）

● **適している布**
きれいなドレープを出すために少し重みのあるしなやかな生地が向く。綿やポリエステルなどのニット生地がおすすめ。

● **裁ち方と下準備**
- 指定以外の縫い代はすべて1cm
- 布端にジグザグミシンをかけておく

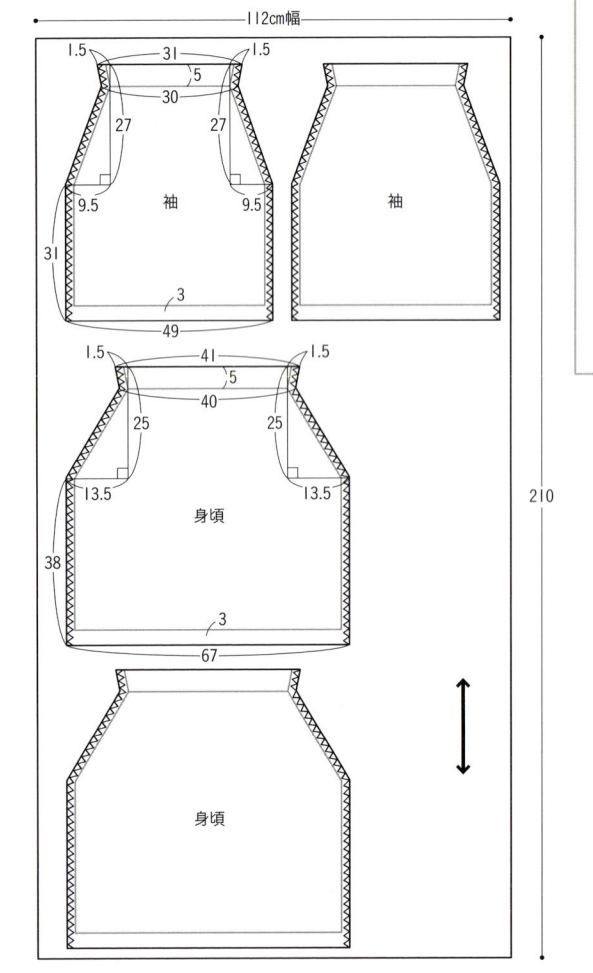

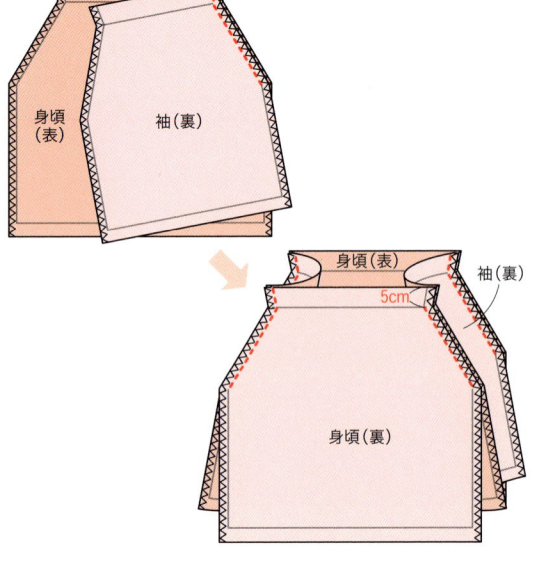

身頃と袖を合体

1
身頃と袖を中表にして図のように合わせ、縫い合わせる。

2
1の身頃に反対側の袖も同じようにつけ、さらにその袖にもう1枚の身頃をつける。最後に、身頃と袖を上端から5cm残してその下を縫う。

GATHERED BLOUSE

→ 衿ぐりを作る → 袖下とわきを縫う → 袖口、裾を始末 → 完成！

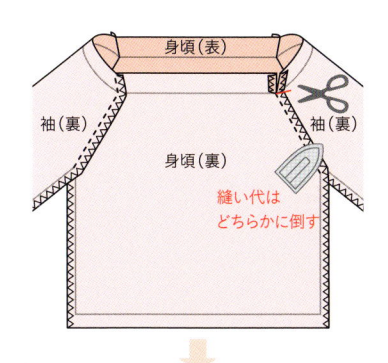

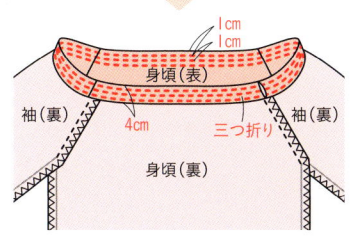

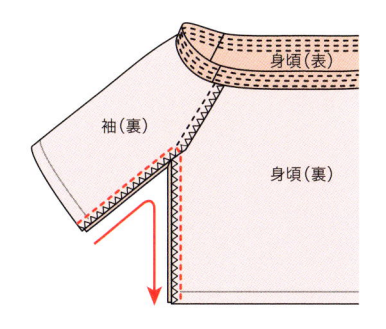

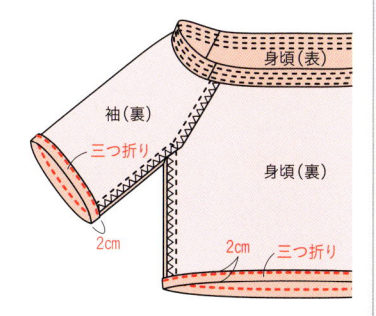

3

縫い残した縫い代の下端に切り込みを入れ、切り込みより上の縫い代を割る。そのほかの縫い代は同じ方向に倒す。衿ぐりは1cm折ってから、さらに4cm折り、三つ折りの端を縫う。さらに、上端から1cm、さらにその下1cmをぐるりと縫う。

4

袖下のラインからわきにかけて、続けて縫う。反対側のわきも同様に縫う。

5

袖口と裾は1cm折ってから、さらに2cm折り、三つ折りの端を縫う。衿ぐりのゴム通し口からゴムを2本通して完成。

衿ぐりのもたつきを調整

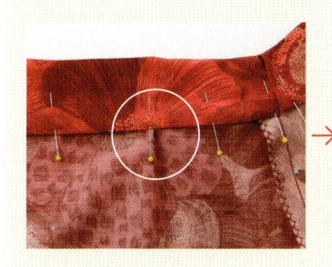

4枚の布を縫い合わせるこのブラウスでは、衿ぐりの三つ折りがぴったり合わない場合も。もたついている部分は折り重ねてまち針でとめる。

そのまま三つ折りの端にミシンをかける。衿ぐりにゴムが入り、ギャザーが寄れば、調整箇所は目立たなくなる。

ゴムの通し方

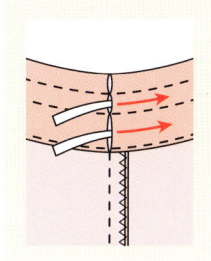

衿ぐりのゴムは、2段目と3段目のみに通す。1段目は自然にギャザーが寄る。通し穴からゴムを入れ、身頃と袖の縫い代が倒れている方向に進めると、引っ掛かりにくくスムーズに通せる。

PATTERN N

PONCHO COAT
ポンチョコート

FINISH!

CUT-OUT CLOTH

SIZE.
- 袖丈　71.5cm
- 着丈　76.5cm

一枚裁ちの布に衿ぐりの穴を開けて飾りをつけるだけ

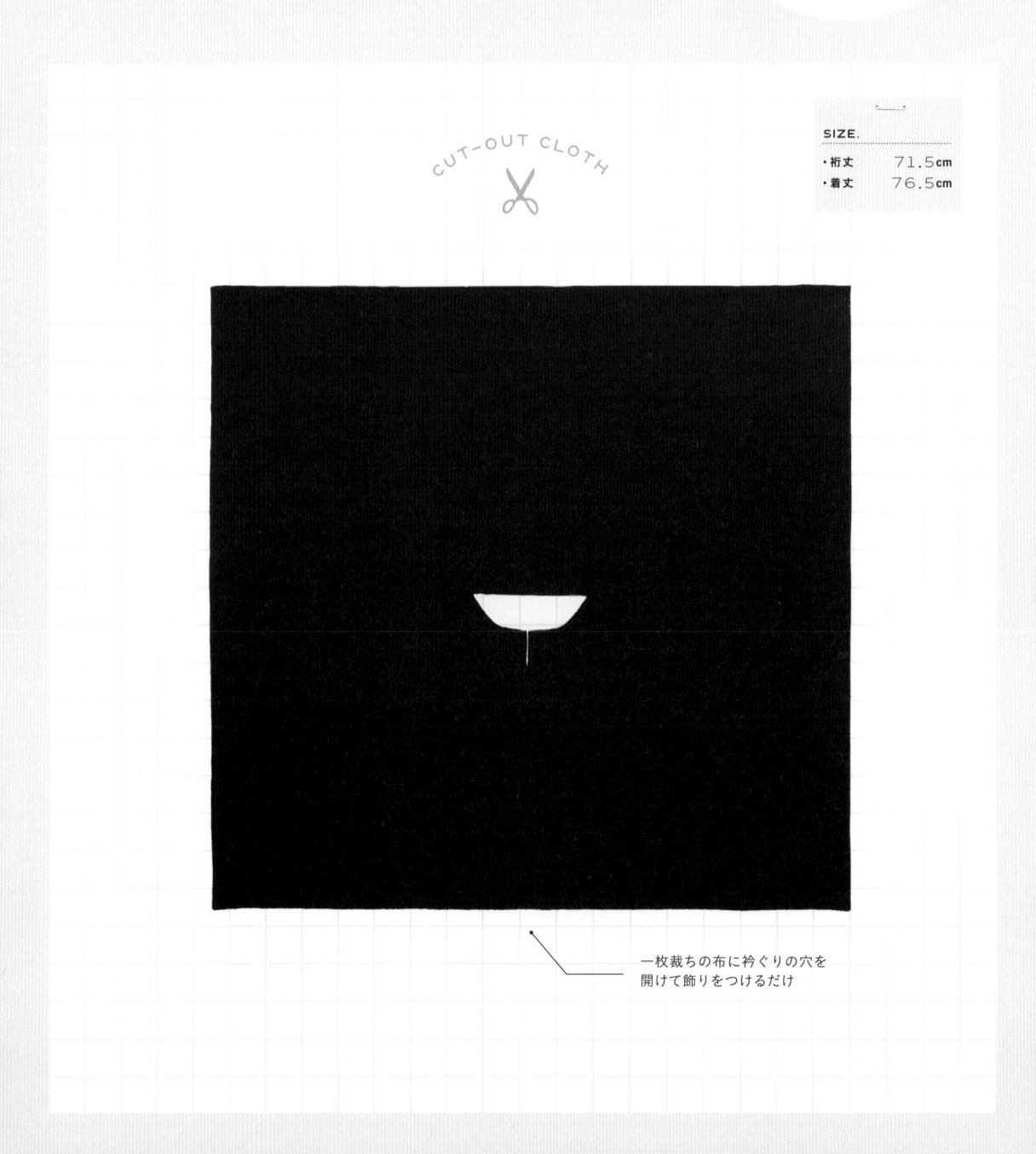

STYLE.1

着るときれいなドレープ
が出る。たたむとコンパ
クトな四角になるので旅
先などでも重宝

SEWING LESSON

ポンチョコート

● 仕上がりサイズ
裄丈71.5cm／着丈76.5cm

● 材料
布（ウール）	150cm幅×1.6m
飾り（ニットブレード）	90cm

● 適している布
切りっぱなしでもOKな厚手のウール生地がおすすめ。ニットなどの布端がほつれやすい生地は不向き。

● 裁ち方と下準備
- 縫い代はすべて1cm
- ～～～～　布端にジグザグミシンをかけておく

※衿ぐりはカバー袖（奥付の対向ページ）にある、仕上がり線のカーブ正規を使用。カーブの両端を、衿ぐりの端と中心に合わせ、印をつける（カーブの印つけ→P7）。

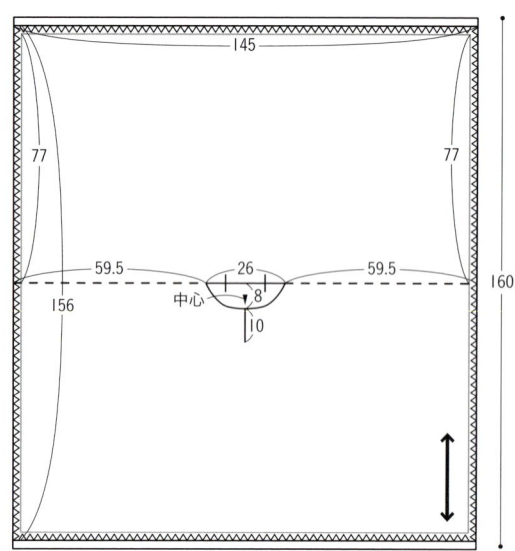

衿ぐりを作る

1

身頃（裏）

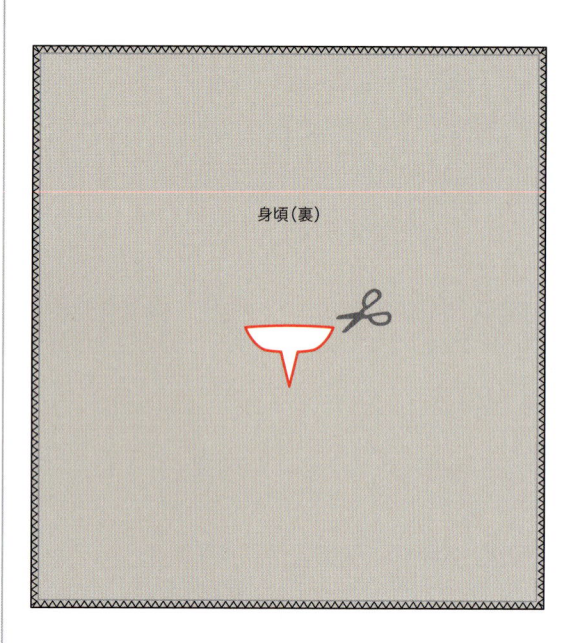

衿ぐりにつけた印に沿ってカットする。

衿ぐりの裁ち方

中心にある衿ぐりを裁つ際は、布をつまんで、最初に切り目を少しだけ入れて。

布を平らに戻し、切り目からはさみを入れて印に沿って裁つ。

PONCHO COAT

→ 四辺を始末 ────────── → 飾りをつける ────── → 完成！

2

1cm

身頃（裏）

四辺を1cm裏側に折ってから、端を縫う。

3

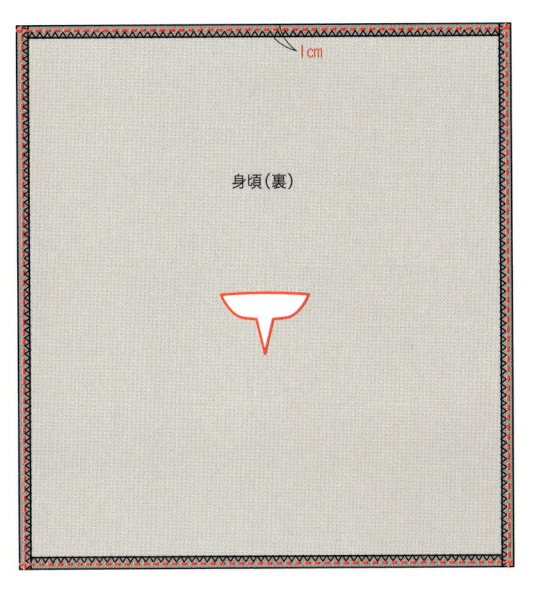

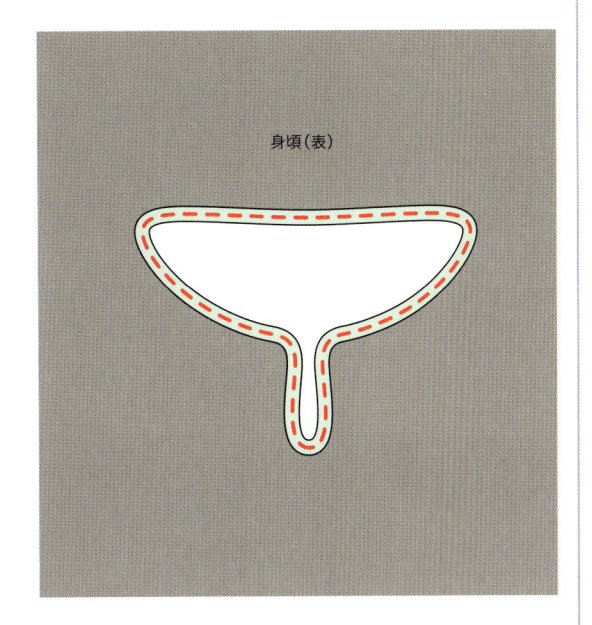

身頃（表）

衿ぐりにブレード飾りを縫いつける。

ブレード飾りのつけ方

飾りテープの中央を並縫いで縫いつける。

角は無理に曲げず、飾りの編み目が自然に曲がる方向に縫い付ける。

123

ACCESSORIES

余った布でできる！
まっすぐ縫いの小物

この本で紹介している作品は、どれも布のムダが少ないのが特徴。
それでも余ってしまう小さなハギレを、こんな小物に変身させてみては。

HEADBAND

RIBBON

四角い布で作れるヘアバンド。ハギレをつないで作るリボンは腕に巻きつけたり、髪に飾ったりお好みで

CHOUCHOU

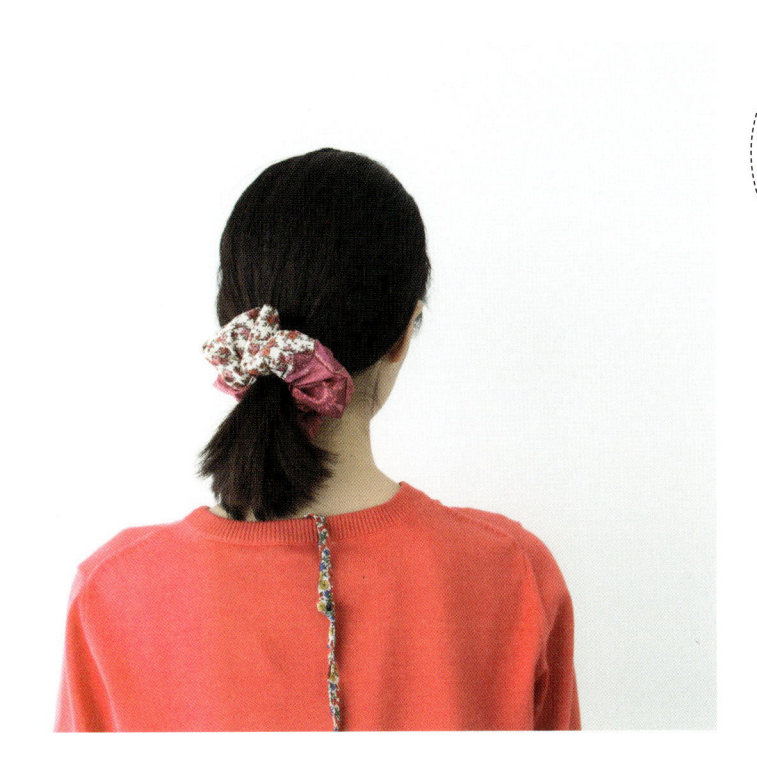

ハギレをつなぎ合わせて作るシュシュ。服とおそろいにしてもかわいい

PINCUSHION

四角く縫い合わせた中に綿を詰めてピンクッションに

MINI BAG

ミニバッグはプレゼントを入れる袋にしても

ACCESSORIES

SEWING LESSON

※指定以外の縫い代はすべて1cm

ヘアバンド

● 仕上がりサイズ

幅8cm／円周53cm

● 材料

布A	10×48cm分
布B	5×32cm分
ゴムテープ	5mm幅9cm

● 裁ち方と下準備

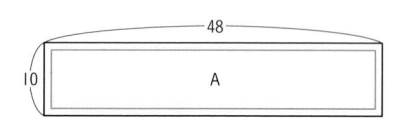

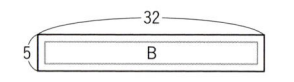

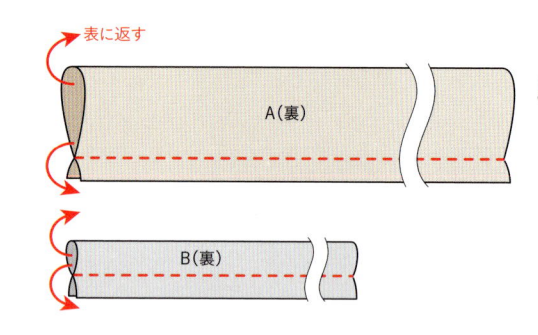

1. 布A、Bを中表にして縦半分に折り、筒状に縫ってから表に返す。
※ループ返し（→P87）で返してもOK

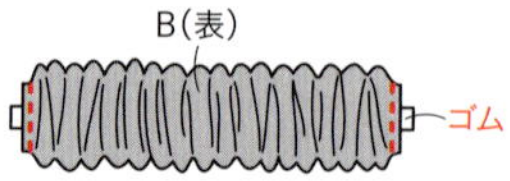

2. 布Bにゴムを通し、両端を縫う。

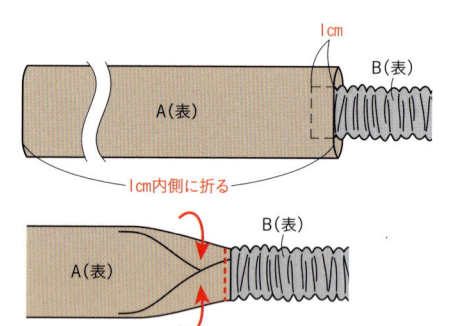

3. 布Aの両端を1cm内側に折り、端に❷を1cmはさむ。布Aを図のようにたたみミシンで縫う。もう一方の端も同様に縫う。

リボン

● 仕上がりサイズ

幅1cm／好みの長さ

● 材料

余った布	4cm×好みの長さ分

● 裁ち方と下準備

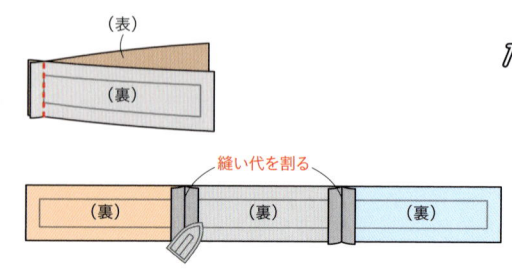

1. パーツを中表に合わせて端を縫い、つないでいく。つなぎ目の縫い代は割る。

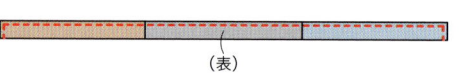

2. 1cmの四つ折りにして端を縫う。
※中表に縫ってループ返し（→P87）で返してもOK

シュシュ

● **仕上がりサイズ**
幅4cm／直径16cm

● **材料**
布A	10×38cm分
布B	10×38cm分
ゴムテープ	5mm幅25cm

● **裁ち方と下準備**

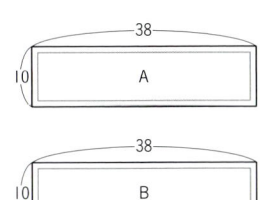

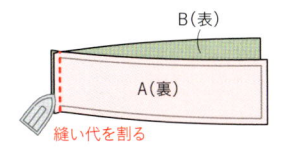

1. 布A・Bを中表に合わせて端を縫い、縫い代を割る。
2. もう一方の端も縫って縫い代を割り、輪にする。 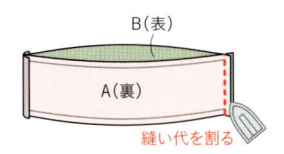
3. 平らに置き、布Aの上下1/3をたたんで中央に寄せる。 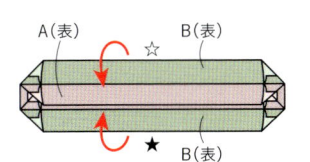
4. 3の布を包むようにして、布Bの☆と★を中表に合わせて半分に折り、まち針でとめる。 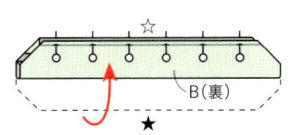
5. 中にたたみこんだ布をいっしょに縫わないように注意しながら、まち針でとめた辺を縫う。残り1～2cmになったら内側から布を引っ張り出しながら続けてぐるりと縫う。返し口を2cm残す。 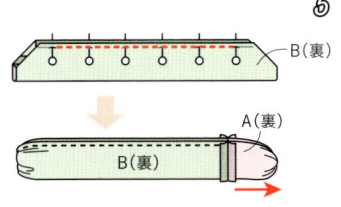
6. 返し口から表に返してゴムを通し、まつり縫いで口を閉じる。 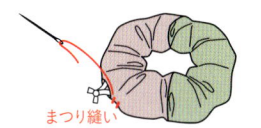

ピンクッション

● **仕上がりサイズ**
9cm四方

● **材料**
布A	10×10cm分
布B	10×10cm分
綿	適宜

● **裁ち方と下準備**

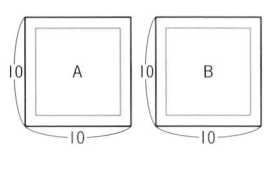

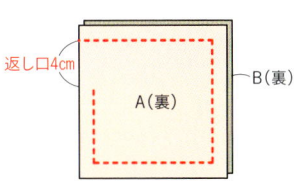

1. 布AとBを中表に合わせてぐるりと縫う。返し口を4cm残しておく。
2. 返し口から表に返して中に綿をつめ、まつり縫いで口を閉じる。 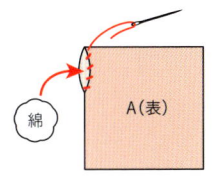

ミニバッグ

● **仕上がりサイズ**
13cm四方

● **材料**
布A	16×15cm分
布B	6×15cm分
持ち手（ブレード飾りなど）	15cm

● **裁ち方と下準備**

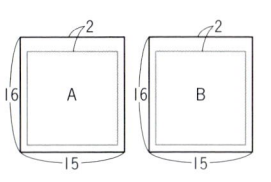

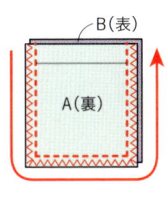

1. 布AとBを中表に合わせてわき、底、わきの順に続けて縫う。縫い代は2枚いっしょにジグザグミシンをかける。
2. 表に返してひもを下向きに合わせ、袋口といっしょにジグザグミシンをかける。 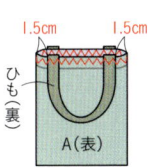
3. 袋口を2cm裏側に折り、上端を表側からぐるりと縫う。

添田有美(そえだゆみ)

1973年、神奈川県横浜市出身。共立女子大学家政学部被服学科卒業。代官山の手芸店 Merceria Pulcina(メルチェリア プルチーナ)オーナー。代官山と西宮にあるお店には、リバティプリントやソレイアードなど現行品のファブリックのほか、直接イタリアをはじめヨーロッパから買いつけるデッドストックのリボンやボタンなどの手芸用品や雑貨を並べている。また、初心者を対象としたソーイングレッスンを開催しており、「多くの方に手芸の楽しさを知ってもらう」ことをモットーに活動している。監修書に『ソーイングのきほん事典』『かぎ針・棒針編みのきほん事典』(いずれも西東社)、著書に『プルチーナのソーイングレッスン』(アスペクト)、『かわいいイタリア』(マイナビ)、『プルチーナの12か月』(サンライズ)など。

http://merceria-pulcina.com/

Merceria Pulcina
メルチェリア プルチーナ 代官山店
〒150-0034 東京都渋谷区代官山町10-1
tel 03-6805-6286
営業時間 12:00〜18:00
定休日 日祝月

メルチェリア プルチーナ 西宮阪急店
〒663-8204 兵庫県西宮市高松町14番1号 西宮阪急
tel 0798-62-1381(内線7416)
営業時間 10:00〜20:00
定休日 阪急百貨店に準ずる

STAFF

デザイン	髙橋朱里(フレーズ)
モデル撮影	大段まちこ
プロセス撮影	中辻渉、飯島浩彦(MASH)
スタイリスト	田中美和子
ヘアメイク	AKI
モデル	谷口蘭(エトレンヌ)
作り方図	原田鎮郎、関和之、稲村穣(株式会社ウエイド)
編集協力	友成響子

撮影協力
alpha PR tel 03-6418-9402

協力

● 株式会社リバティジャパン
〒104-0061 東京都中央区銀座1-3-9 マルイト銀座ビル5階
tel 03-3563-0891(代表)
http://www.liberty-japan.co.jp/

● ソレイアード
craf 二子玉川店
〒158-0094 東京都世田谷区玉川3-20-10
tel 03-5491-2351

craf ジェイアール名古屋タカシマヤ店
〒450-6001 愛知県名古屋市中村区名駅一丁目1番4号 ジェイアール名古屋タカシマヤ11階
tel 052-566-8488

ソレイアードファブリック オンラインショップ
http://www.rakuten.ne.jp/gold/souleiado-shop/

まっすぐ切って、まっすぐ縫うだけの服

- ●著者────添田 有美[そえだ ゆみ]
- ●発行者───若松 和紀
- ●発行所───株式会社 西東社(せいとうしゃ)
  〒113-0034 東京都文京区湯島 2-3-13
  営業部:TEL(03)5800-3120 FAX(03)5800-3128
  編集部:TEL(03)5800-3121 FAX(03)5800-3125
  URL:http://www.seitosha.co.jp/

本書の内容の一部あるいは全部を無断でコピー、データファイル化することは、法律で認められた場合をのぞき、著作者及び出版社の権利を侵害することになります。
第三者による電子データ化、電子書籍化はいかなる場合も認められておりません。
落丁・乱丁本は、小社「営業部」宛にご送付ください。送料小社負担にて、お取替えいたします。
ISBN978-4-7916-2078-4